裸の仏教

平野純 著

はじめに

「仏教ブーム」が指摘されはじめてからずいぶんと日がたちました。
事実、街の書店をのぞけば仏教関係の書物があふれかえっているようにみえます。
が、そんな活況のなかでなぜかわざとのように語られていない事柄がある。

裸の仏教

がそれです。ただ、この言葉は「裸のブッダ」と置きかえてもよい。仏教とはそもそも「ブッダの教え」のこと。ありのままのブッダを語れば、そのまま、ありのままの仏教を語ることになるからです。

◆

では、ありのままのブッダ、裸の仏教はなぜ語られないのか？

理由は――単純な話ですが――仏教の語り手たちにあります。お坊さんと研究者たちです。

お坊さんにとってブッダは完全無欠の聖人です。ブッダは崇拝の対象であってもけなす対象ではない。あえていえば、お坊さんとは世の中で最もありのままのブッダを語りにくい立場にある人々だといえるかもしれません。

一方、研究者たちはどうかといえば、そこには「文献尊重の呪い」というべき制約がまちうけています。仏教の場合、文献とは経典を意味しますが、多くの研究者は――ごく少数の例外をのぞき――その「行間」を語ることにはきわめて慎重なのが普通です。「客観性」を重視すればそうならざるを得ない。そこで、行間を埋める仕事に関しては、わたしのような文学的な想像力が売り物だとされる稼業の人間に出番が回ってくることになります。

◆

ところで、「経典」とはそもそも――本文でくわしく論じるつもりですが――ブッダの教えを礼賛する目的のためにインドのお坊さんたちが編んだ神聖な書物です。かれらにとって教えの説き主であるブッダの欠点は、カエルのヘソのようにあり得べからざるもの。たとえ個人的に疑ったとしても、まず文字には残しません。

ただ、そんな経典の行間を埋める際に期待されるのが文学的な想像力だ、といま書きました。

が、本当をいえば、ブッダ崇拝の行間を埋めるのに文学的想像力などというご大層なものは要りません。実際にはごく単純な「推理力」だけあれば充分です。それが本書を書き終えたわたしの実感です。

で、その「推理力」を大いに発揮した結果、本書はどうなったか？　自慢するわけじゃありませんが、ブッダの崇拝者の皆さんにとって「不都合な真実」だらけの、というかほとんどそれだけの本となりました。

しかし、これが語られざるブッダ、開祖ブッダの本当の素顔です。

裸の仏教です。

ブッダは欠点一つない神のごとき聖人だったわけではありません。かといって、どこにでもいる平凡な教祖だったわけでももちろんない。

ないどころか、家族や世間、国家など周囲とのこれでもかという軋轢のなかで後ろ指さされっぱなしの人生を送った、ある意味で怪物的な教祖でした。

だって後ろ指さされないわけがないでしょう？　初めてさずかった可愛いわが子によりによって「悪魔」なんて名をつける人物が。

おっと、いささか先走りしすぎたようです。というわけで、さっそく本文に移ることにして、第一章は「『問題児』ブッダの誕生」という話題からです。

もくじ

第七章 ブッダ、旅の夜に死す——沙羅の樹の下の別れ 193

▲ヒマラヤ山脈
シャカ国
コーサラ国
①
②
③
ヴァンサ国
インダス河
カーシ国
④
⑤
マガダ国
ガンジス河
アヴァンティ国
ネーランジャラー河
①サーヴァッティ
②クシナーラー
③ヴェーサーリー
④ラージャガハ
⑤ガヤー

古代インド　仏教地図

第一章

「問題児」ブッダの誕生

出家とはなにか

「出家」とは、その言葉をひっくり返せば「家出」となることでもわかるように、生まれ育った家を捨てて出ることとです。「家」とは、今も昔も両親や兄弟姉妹、配偶者、子供といった「家族」によって構成される社会の制度の一つで、このことは、当然ながら、ブッダが生まれた当時のインドでも今日の日本とまったく変わりはありませんでした☞1。

そしてそこには、自然の情として、家を捨てた者と残された家族との間で摩擦が生じることになる。これからのべるように、我らがブッダの場合も例外ではなかった。いや、それどころか非難ごうごうの立場に立たされることになりました。

ブッダというとだれからも後ろ指をさされない聖人君子のイメージがあるので、そんなふうに聞くと意外に思う方もいるかもしれません。しかしそれは事実で、ブッダは「出家」することで当時の社会から、**問題児**のレッテルをはられることになりました。裸の仏教を理解しようと思えば、そこから語らねばなりません。

そこで、ここではまず「出家」とはそもそも何だったのかという話から始めたいと思います。

☞1 地名としてのインドです。ブッダが生まれた頃のインドは諸大国が勢力を競う「戦国状態」でした。

皆さんは「出家」という言葉を耳にすると、何を思い浮かべますか？

まず、お坊さんになること。さらにそこからの連想で、剃髪《ていはつ》※をし、和服に似た黒や黄の袈裟《けさ》を着ること、そして志を同じくしたたくさんの仲間と一緒に修行にいそしむ生活を送ること、最後に葬式でお経を読むこと——こんなところでしょうか？

では、こうした「出家」という行為はそもそも何を意味したのか？　あるいは、どのどんな人物がどんな目的でおこなうものだったのでしょうか？

ここにあげた「剃髪」、そして「袈裟」、おそろいの「袈裟」を身にまとい仲間と一緒に修行にうちこむこと、これらはすべてブッダとその弟子たちがおこなっていたことです。実際、ブッダ自身も、「出家」のために家をでた直後にみずから剣をとり、頭髪をかぶっていた王冠ごと断ち切っており、これはブッダの「出家」を描く、**経典のハイライト・シーン**の一つになっているほどです。また二番目の「袈裟」についても、これは当時のインドで「カサーヤ」と呼ばれていたものを後に中国人が音訳して漢字をあてはめたものです。

ただし、もしブッダがタイム・スリップか何かでいまの時代にやってきて日本の寺でお坊さんが着ている袈裟を目にしたらその立派さにさぞびっくりするでしょう。というのも、「カサーヤ」とは「汚れた衣」という意味の言葉で、もともとはゴミ捨て

※**剃髪**
頭を剃りあげること。大仏の螺髪（らほつ。小さな渦巻きの集合体）は美術上の表現。ブッダは文字通りのボウズ頭だった。

場に捨てられたボロ切れ、あるいは死体捨て場に捨てられた死人がまとっていた衣から剥いだ布切れを継ぎ合わせた衣服を意味したからです☞2。

あたりまえですが、世間の普通の人々は親からもらった頭髪をきちんと整え、小ざっぱりとした身なりでいることを求められます。それをわざわざ頭をつるっ禿げにし、まともな衣服を、だれもが着たがらない、それどころか不要として捨てた汚いボロに着替えて過ごす――これは、自分はもはや「世間のしきたり」になど従う気がないこと、それどころか頭から拒否してかかる人間であることを宣言する、**「脱世間」の攻撃的な誇示**のふるまいにほかなりませんでした。

いま、「出家」という言葉から思い浮かべるだろうことの一つに「葬式でお経を読むこと」をあげました。剃髪や、袈裟、また修行――最近では比叡山の阿闍梨《あじゃり》※による「千日回峰行※」が有名ですが――と同様、日本人にはごくあたりまえの連想といえるものです。

が、じつはこの「葬式」と「お経」という二つの連想ほど裸の仏教、つまりブッダ生前当時の仏教と日本仏教の違いを示すものはありません。

この話題はあとでくわしくとりあげますが、一口に言えばブッダの時代にかれにしたがう出家者がお経を読みあげるという行為自体が絶対にあり得

※**阿闍梨**
もともとは高僧の呼び名。日本では平安前期以来、公職の僧の位の名になった。

※**千日回峰行**
平安中期から比叡山で行われる荒行。実際には九百七十五日で満行となり、残りの二十五日は悟りのためにとっておかれる。

☞**2**
袈裟を日本で「糞掃衣」（ふんぞうえ）と呼ぶのは粗末さを強調するためです。ほんとに便所掃除専用の服ではありませんので、念のため。

ませんでした。なぜなら、書写経典、つまり現在のように「本」に文字で書かれた経典が成立するのは、ブッダの死後四百年近くもたったあとのことだったからです。

また、葬式の方ですが、ブッダの生きていた時代、かれは出家者以外の人間の葬式には出家者を関与させませんでした。日本では、「**葬式仏教**」という言葉がある通り、一般市民の葬式と仏教は切っても切れない関係にありますが、当時のインドの出家者は一切ノン・コミットメントで通した☞3。それどころか出家者以外の者の葬式にかかわることは一種のタブーですらありました。なぜタブーであったのか、これはインド社会特有の理由からくるものでしたが、非常に重要な問題なので、第七章であらためて独立した問題として論じることにしたいと思います。

いずれにせよ、ここでは、同じ「出家」とはいいながらブッダの時代の「出家」が今日のわれわれが考えるそれとはよほど異なったものであったことを念頭に、以下の話を読みすすめて頂ければと思います。

☞3 葬式仏教の起源は鎌倉時代の革新的な僧侶たちが「死はケガレ」とする風習に逆らって死者を手厚く葬ったことから。現在は少子化や「自然葬」への関心の高まりでピンチをむかえています。

「家出ブーム」にかぶれた青年ブッダ

ブッダが生きていたのはいまから二千五百年前のインドの社会です。あたりまえの話ですが、われわれの暮らすこの日本とは時代も場所もかけ離れ、しきたりも文化もよほど違います。

実際、「出家」一つとってみても、家を捨てて剃髪し、集団で同じ袈裟を着て修行にうちこむ——こうしたうわべの形は似ていても、ブッダの時代の「出家者」が「出家」の名のもとにおこなっていたことは、われわれが「出家」という言葉からイメージするものとは、これまたかけ離れたものでした。

ただ、そうはいうものの——これは本章の冒頭でふれた通り——どれほど高邁な動機からくるものであれ、家を捨てるという行為が家族間に軋轢をもたらす点は、今も昔も変わりのないことは想像がつくでしょう。

そこでブッダの話になりますが、いくら「出家」が古い制度だからといって、家族制度が誕生した大昔から存在していたわけではありません。これは常識的に考えてもわかる話でしょう。

家族とは、社会の基礎単位という意味で、裸の個人（「おひとり様」）に対していわば

「世間」を代表する仕組みであるわけですが、それに対する挑戦は、「家族」の制度としての一定の成熟を前提として初めて成り立つからです。

じつはブッダが生まれた頃、インド社会で、ある空前のブームが沸き起こっていた。それが人々の間の、**「出家」ブーム**でした。そしてその大きな引き金を作ったのが、**大規模な都市化**という社会現象だったのです。

のちに、**お釈迦様**の名で親しまれることになるブッダ――名字を足して正確を期せばゴータマ・ブッダですが――は、いうまでもなく、仏教の創始者です。

そこから、出家は仏教と切っても切れぬもの、仏教が生み出したものと考える人も多いわけですが、いまのべたように、実際には、出家のブームはブッダが生まれたときにはすでに大規模にインドで起きており、かれはその社会的なブームに浮かされた若者の一人、といって悪ければ少なくとも加担した若い知識人の一人にすぎませんでした。

それでは、いったいだれが出家のブームの仕掛人になったかといえば、それは当時のインドの支配宗教であるヒンドゥー教※のインテリたちでした。

本書の趣旨にのっとり細かいいきさつは省きますが、このヒンドゥー教というのは「バラモン」と呼ばれる祭司階級が太古以来のインドの神々を祭る多神教で、簡単に

※**ヒンドゥー教**
『ヴェーダ』と呼ばれる聖典をもつ、今日もインドで繁栄する多神教。ヴィシュヌとシヴァが二大神。「ヒンドゥ」は「インダス河」の呼び名「シンドゥ」からきている。

いえば、日本の神道のようなものです。

元々は紀元前十六世紀頃にインドに侵入したアーリヤ人※という今の白人系ヨーロッパ人の先祖となった民族が現地の先住民との生物学的・文化的な混血のなかで作りあげた宗教で、当初は遊牧あるいは農耕社会の信仰としての素朴な性格を濃厚に持ち合わせていました。

ところが、やがて人々の間で生産活動が活発になり、商工業が発達をとげるうちに、この農耕社会は大きな転機をむかえることになりました。

それが貨幣経済の拡大にともなう富の集積が生んだ人口集積、「**大都市**」**の出現**という画期的な歴史的出来事でした👉4。

都市における巨大な富の集積が、「**拝金思想**」をもたらすこと、この点については今も二千五百年前も変わりはありません。古代インドの場合は、生産・流通の心臓部として一大先進地域となったガンジス河の中流域を中心に、「**カネがカネを生む**」きわめてバブリーな金ピカ文化が広まることになった。

簡単にいえば、「**快楽主義**」**の文化の爆発**ということですが👉5、こういう場合、当然これに反発をおぼえる人々がでてきたとしても不思議はないでしょう。

※**アーリヤ人**
元々は現在の黒海の西北にいた民族。紀元前十八世紀頃民族大移動をおこし、紀元前十六世紀頃インドに侵入した。

👉**4**
結局仏教は大都市の「意識高い系」のインテリたちが支えた「都市型宗教」でした。紀元五世紀、ローマ帝国との貿易の途絶によるインドの大都市の没落期に仏教が衰微したのは偶然ではありません。

👉**5**
当時の大都市では、高級娼婦が「セレブ」となり、取り巻きの貴族や資産家の若者たちと通りを闊歩していました。のちにブッダの弟子になったアンバパーリーもセレブ娼婦の一人です。

たとえば、「貧乏趣味」とか「貧乏自慢」という言葉があります。日本の中世で京都を中心に贅沢の味を知った公家貴族などが近郊の林のなかでことさら質素な「庵」を編んで世捨て人同然の生活を送り、それを風流と呼んだのはその好例ですが、これも元をただせば古代以来の仏教文化の輸入とともに流れ込んだ古代インドの「出家文化」の模倣でした。

「出家」というのは、その起源からして、「大都市」を舞台に初めて誕生することになった当時のまさに最先端をゆく文化だったのです（ついでにいえば、初めから貧乏な人々に「貧乏趣味」はありません。かれらにとって貧乏は趣味ではなく単なる事実だからです）。

ブッダの時代にあって、こうした人々は、繁栄する大都市で享受していた快適な生活と文化に背をそむけ、着の身着のままで森の洞窟にこもり、ひたすら「精神的な」瞑想を中心とする生活を選び、みずからそれを「高貴な生活」と呼びました。

元々田舎に住んでいた地元の農夫やきこりといった人々の目に、暇を持て余したすえのかれらのふるまいは、とんでもない酔狂と映ったにちがいありません。

要するに、出家なるものは少なくとも当時の仏教、本書が呼ぶ「裸の仏教」時代においては社会の最底辺の人々とは無縁の、いわゆる「エリート」層のインテリたちが発明し、実践した文化現象だったわけです。

非難されたブッダの出家

そんなわけで、お釈迦様ことブッダもそうした熱病じみた流行に身を投じたまぎれもない「エリート」の一人だったわけですが、ではなぜブッダにかぎってその「出家」が、**「後ろ指さされる」存在**になるまでに問題視されたのか？　社会的に強い非難を浴びねばならなかったのか？

その理由の一つはブッダの二十九歳という年齢にありました。いくら「出家」が「高貴なふるまい」だからといって、ただ無制限にエリートの社会から歓迎されていたわけではありません。実際、もし男という男が仕事を捨てて森の奥で暮らし始めてしまったら、社会の生産活動はその時点でストップしてしまう。

そこで当時、社会の秩序維持の観点から設けられたのが「出家」の年齢制限で、「隠居」の年齢に達して初めて許されるとされました。「隠居」の年齢というのは、この場合、みずからの長男の成長を見届けた後の年齢のことをさします。

当時ブッダが属したのは家父長制の社会でしたから、成人した男ならば全員が父親から受け継いだ家業にいそしみ、結婚して男の子をもうけ、家の跡取りとして立派に育てあげる――。これは当然の義務とされました☞6。「出

☞6
家父長制はアーリヤ人がもちこみました。征服された先住民の多くは母権的な家族制度をとっていました。

家」はそのあとで初めて許されるとされた。ブッダのように二十九歳の若さで家を出ることなどは論外、身勝手で顰蹙《ひんしゅく》すべき行為だとみなされたわけです。

理由の二つ目はブッダの「生まれ」に関わるものです。かれは王子でした。当時のインドはすでにカースト社会※でしたが、これは上から順に、**バラモン（祭司階級）**、**クシャトリヤ（王族階級）**、**ヴァイシャ（庶民階級）**、**シュードラ（隷属階級）**で構成され、ブッダの実家は二番目のクシャトリヤに属し、しかもかれは王子という王家の跡取りの責務を負う身という立場にあった☞7。結論からいえば、かれは、王家の後継者として一国の繁栄をめざすという貴人が当然引き受けるべき社会的な責務を放棄したために、非難されたのです。

そう、くりかえしになりますが、ゴータマ・ブッダは紀元をさかのぼること六世紀、いまから数えて二千五百年と数十年前頃のインドに生まれた王子でした。といっても、インド全体の王子だったわけではありません。

これまでの叙述で、インドという言葉を無造作に使ってきましたが、これは正確には地名としてのインドのことで、紀元前六世紀のインドには「インド国」という統一国家はなく、いくつかの国家が分立し、勢力を競う、統一以前の状態にありました。

☞7
「シュードラ」はアーリヤ人に征服された色黒の先住民族。ブッダ嫌いのヒンドゥー教の古文書には「ブッダは本当はシュードラの出身」とした記述もあります。「シュードラ」の下には「チャンダーラ」（旃陀羅）という不可触民（アウトカースト）がいました。日蓮が「われは旃陀羅の子なり」と語り自身の革新的立場を誇ったのは有名です。

※**カースト社会**
アーリヤ人が育てた階級的区別。古代インドでは「ヴァルナ」（皮膚の色）の制度と呼ばれた。「カースト」はラテン語の「カストゥス」（純血）を元に西洋人が作った名称。

そうした国家のなかで有力なものとしてはガンジス河中流域のマガダ、コーサラ、カーシ、ヴァンサの四大国。ほかに山脈地方の中部インドにはアヴァンティという大国もありました☞8。ブッダの実家はヒマラヤに近い北のはずれ、コーサラ国の従属国だったシャカ国を牛耳っていた王家です。

ブッダがインド人であることは今日では自明のこととされますし、「出家」後のかれがいまのインドにあたる地域で死ぬまで過ごしたことも事実ですが、実際に生まれたのは現在のインド国境に近いネパール領の町です。ここからネパールにはブッダは「ネパール人だった」と頑強に主張する人々もいるようです。その気持ちもわからなくはないですが、現在の「国名」をこの種の話に厳密にあてはめて争うことに意味があるとも思えません。生前の活躍の場所、またかれが「インド文化圏」に占めた大きさをふまえて、本書でブッダを「インドの生んだ偉人」とみなすことに大きな問題はないと思います。

シャカ国と書きましたが、いちおうは国とはいえ、大国の鼻息をうかがう小国の一つにすぎず、シャカ族という名の種族が支配する地域共同体に毛の生えた程度の存在にすぎませんでした。

それでも、王子は王子、ブッダが当時のインドの標準をはるかに上回る恵

☞8
マガダ国は最強の軍事経済大国。今日の米国のような存在で、のちにコーサラ、ヴァンサ、アヴァンティの各国を征服しました。父親殺しで有名なアジャセ王はここの国王でした。四大国については10頁の地図を参照。

まれた幼少期を送ったことは疑いがありません。これは『アングッタラ・ニカーヤ※』という古い経典集に載っているものですが、ブッダが仏教を創始したのち自分の幼い頃を回想し、こんなことを弟子に語る場面がでてきます。

　わたしの幼い頃、父の宮殿には蓮池がもうけられていた。青い蓮や赤い蓮、またある所には白い蓮の混じった美しい蓮池だったが、この池はただ小さな私を喜ばすためだけに掘られたものだった。

　また、わたしはカーシ産の栴檀《せんだん》といった高級な香料以外は決して身につけなかったものだし、服も下着もカーシ産のものだった。わたしはよく宮殿の庭を散歩したものだったが、そんなとき暑さ・寒さがわたしの健康を損ない、また塵や草葉の露がわたしの体に触れないように、召使が、昼となく夜となく、白いパラソルをわたしの頭上にかかげていた。

　当時、わたしには三つの宮殿が与えられていた。一つは冬のため、一つは夏のため、雨季（五月から九月）を過ごすためのものだった☞9。そしてわたしは雨季の四か月の間は、わたしの気をまぎらわせるために雇われた歌や音楽を奏でる舞女たちに囲まれて過ごし、決して外にでることはなかった。

☞9
雨季には活動を控えて屋内で過ごすのが当時のインドの各宗教のならわしで、「雨安居」（うあんご）といいます。ブッダと弟子たちはこの習慣を無視しましたが、「雨季にも歩き回って虫を踏みつぶしている」と他宗教から非難されたため、この習慣を受け入れることになりました。

※アングッタラ・ニカーヤ
漢訳名は『増支部経典』。増支（付加）したテーマごとに教えを集め、全体で十一集に分類した。

他の金持ちの家では、奴隷や召使たちにはくず米に酸っぱい粥をかけた残飯もどきの食事をあたえていたが、わたしの宮殿では白米と肉の飯がかれらにもふるまわれていた。

どうでしょうか？　本当にブッダ専用の宮殿が三つもあったのかどうか、経典の作成者があたりまえのようにおこなう誇張がほどこされている可能性は否定できませんが、少なくとも、ブッダが何不自由のない、文字通り蝶よ花よの生活を送る恵まれた環境に育ったことは事実のようです。

ただ、そうした人のうらやむような日々を過ごしながら、ブッダは少年時代の早いうちから周囲の人々、もっといえば人間という生き物の基本的な有り様に「違和感」をいだく、簡単にいうとかなり厄介な性格の持ち主だったようです。

この点について、いまの『アングッタラ・ニカーヤ』にはつぎのようなブッダ自身の回想とされるものがのせられています。

こうしたわけで、わたしは裕福だったが、一方できわめて細やかで柔軟な神経をもっていたため、老いや死のことをつねに考えていた。人は、他人が老いて死ぬこ

人間って‥
哀しい……

とを嫌悪するが、その嫌悪する自分だっていつかは老いて死んでゆく。そう思うと、わたしは生きていることがすっかり空しくなってしまった。

こうした発言を聞いて、どうでしょうか？　ブッダ自身の言うように気が優しいのはいいが、少なくとも王家の跡取りにはおよそ向かない気質の持ち主だったという気がしてきませんか？

なるほど「老い」や「死」について考える習慣をもつことは大切なことです。ただ、英語で学者をいうスカラーの語源は、「**よけいなことを考えるひま人**」という意味の言葉だそうですが、日々の暮らしに追われ、食べるだけで精一杯の立場の人間はこの手の「よけいなこと」は考えません。考える暇がないからです。

これは現代でも同じことで、たとえば、現代中国で革命の基礎をつくった毛沢東や周恩来、鄧小平などはみな裕福な家庭の出身でした。

ただ、これらの革命家たちとブッダが一つちがっていたのは、かれがある特徴的な傾向を生来の気質のうちにそなえていたことです。一言でいえば、**根深い人間嫌い**の傾向です。もっとも、かれの場合、現在の基準からみてとくに目立つのは今日のフェミニズム系の論者がよく口にするミソジニーの傾向、**女嫌い**だったのですが☞14。そしてこのことはブッダの生前、ある騒動を引き起こす原因ともなるのですが、このトピックはあとでとりあげることにしましょう。

いずれにせよ、シャカ国の王家の跡取りとなったブッダは一族の希望の星、ゆくゆくは祖国の政治をになうべき存在として、家族や人民の期待を一身にあつめて成長することになりました。

ブッダ、息子に「悪魔」と名づける

日本の天皇家がそうであるように、いつの時代でも貴族にとっての最大の存在根拠は、**血筋の継続**にあります。ブッダが、王子の責務の一つとして、嫁を迎えたのは十六歳のときでした。

もちろん、親がしつらえた嫁で、一般にヤショーダラーという名で知られる、ブッダのいとこにあたる女性だったと伝えられますが、彼女についての資料はブッダよりずっと乏しく、はっきりしたことはわからないのが実状です☞10。

また、ヤショーダラーの他に、当時のインドの貴族の風習通り第二、第三夫人をあてがわれていたという話もありますが、王家の後継者という立場からみて、あっても

☞10
日本の大映が製作した映画『釈迦』（一九六一）ではフィリピンの人気女優のチェリト・ソリスがヤショーダラーを演じました。ただし、この映画の「性的描写」は輸出先の東南アジア諸国で大騒動をまきおこしました。

不思議ではない話です。

それやこれやで十六歳のブッダも結婚後はさっそく跡取りの男子を妻（および第二夫人、第三夫人）相手に作ることが期待されたわけですが、実際に子供ができたのはブッダが二十九歳の頃、結婚から十三年もたったのちのことでした。

出産したのは正妃のヤショーダラーで、生まれたのは男の子でした。結局、これがブッダがこの世に残したたった一人の子供になりましたが、問題はこの十三年という時間はいかにも長すぎるのではないかということです。

これについては色々と奇怪な伝説が昔からあり、ブッダはじつは、**性的な不能者**で、このとき生まれた息子はヤショーダラーが何者かと不倫のすえにもうけた子供だったという言い伝えもある。

いまとなっては確かめようもない話ですが、この十三年の間にブッダがヤショーダラーに関心を示さず、夫婦仲が冷え切っていたというのはどうやら事実のようです。

その原因となったのは、ブッダの「女嫌い」あるいは世俗との結びつきを憎む、**厭世観**でした。しかも、皮肉なことに、息子の誕生は二人のともかくも表面上は平穏につづいてきた夫婦生活に決定的な破局をもたらすきっかけをつくることになります。

跡取りの誕生は王家の人々にとって待ちに待った慶事でした。宮殿中が男児誕生の

第一報に沸きかえるなか、知らせを聞いたブッダが独り言のように漏らした
つぎの一言が伝えられています。
「悪魔が生まれた。束縛が生じた」
このうちの「束縛」はインド語で「バンダナ」といい、これはいまのテニス選手などが頭に巻くバンダナ、つまり締めつけるものをさす言葉です。悪魔の方は「ラーフラ」というインド語で、伝統的には、**物事の障害、妨げ**という意味をこめて使われてきました☞11。そして驚くべきことに、結局、この「ラーフラ」がこのとき生まれた赤ん坊の名となりました。

当時のインド社会の風習として、子供の命名権は子供の祖父、つまりブッダの父にありました。ブッダの父親はスッドーダナ王という英邁な国王でしたが、**息子に甘い父親**としても知られており、この祖父が息子の意を汲んで「ラーフラ」を名にしたというのがことの真相のようです。

そういえば、日本でも何のつもりか息子に「あくま」という名をつけた父親が役所の戸籍係に名前の受理を拒否された事件がありました。父親はメディアのバッシングをうけましたが、わが子にこんな不吉な名前をつける非常識さは古代インドも今日の日本も変わりはありません。いずれにせよヤショーダラーとしてはやっていられな

☞11
「気味の悪いラーフ（悪魔）が太陽を食べて滅ぼす」というインドの古代神話に由来します。王の家系は太陽神の子孫だという伝説があり、ラーフラという命名はこの意味でも不吉なものになりました。

かったでしょう。

しかも、この子供の誕生を境に、夫としてのブッダは彼女にとってさらに迷惑な方向に変わっていった。文字通りの「生きた束縛」の誕生は、ブッダの「世俗嫌い」の病にどうしようもなく火をつけ、かれの心を家庭から決定的に引き離すことになったからです。

そしてそこでかれの目に世にも魅力的な助け舟と映ったもの、それこそが当時のインド社会のインテリの魂をわしづかみにしていた流行病、「出家」だったというわけです。

ブッダとハーレムの美女たち

さきほど、こうした古代インドのインテリの出家熱の背後には繁栄する都市を震源地とする「快楽主義」の文化があると書きました。

ブッダは辺境の国の王子ですが、辺境の国のインテリほど逆に「中央」の先端文化に弱い。早い話、「**都会以上に都会的**」になりがちなことは経験的に推察がつくでしょう。あるいは国王だった父スッドーダナの趣味だったのかもわかりませんが、ブッダの生まれ育った王家もまた例外ではなかったようです。

ここに、『ジャータカ※』という経典があります。ブッダをめぐる様々な逸話をインドの民間の寓話と結びつけながら描いた、いわゆる「仏教説話」に属する経典です。

これらの仏教説話は紀元前二世紀頃にはまとめられ、その後も数多く作成されて、内容のわかりやすさから民衆の教化のためにさかんに用いられることになりました。日本の『今昔物語集※』や『沙石集※』などにおさめられた話には仏教の輸入を通して流れこんだ『ジャータカ』由来の説話が多く見受けられます☞12。

『ジャータカ』冒頭の序文にでてくる有名な一節は、ブッダの出家直前の心理をつぎのように物語っています。少年の頃ブッダを囲んでいたのが歌や音楽を奏でる美女たちだったように、すでに三十歳も間近になったブッダを囲むのもまた宮殿の美女たちでした。

物語は、ある夜宮殿にあがったブッダのまわりをハーレム（後宮）の女たちがわっと取り巻くところから始まります☞13。


王子（ブッダ）は……自分の宮殿にあがり、ベッドに横たわった。すると、それ

☞12
ブッダの十大弟子トップのサーリプッタの転生物語が『今昔物語集』と『沙石集』に登場します。
☞13
『ジャータカ』にはハーレムに四万人の美女がいたとありますが、さすがに誇張でしょうね！

※ジャータカ
漢訳名は『本生経』。全部で五百四十七の物語からなる。民衆向けの説教のテキストに使われた。

※今昔物語集
作者不詳。平安末期成立。

※沙石集
無住（一二二六〜一三一二）作。鎌倉中期成立。

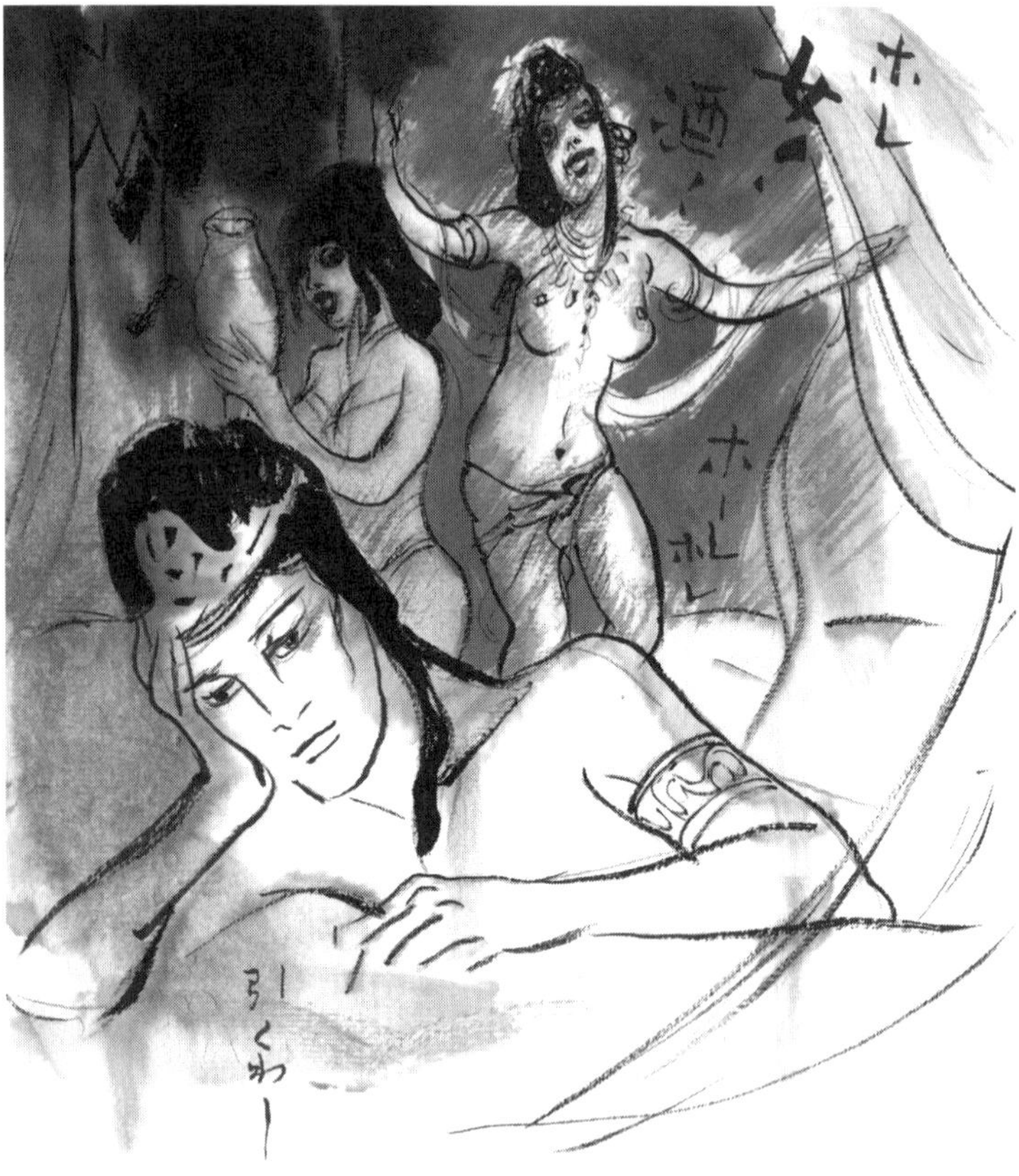
ホレ
女
酒
ホーレホーレ
引くわー

を見て、飾り物を身にまとい、踊りや歌などが巧みな天女を思わせるような美女たちがさまざまな楽器を手にして取り囲み、我先に王子を楽しませようと、踊ったり楽器を奏でたりした。

だが、王子は、このときにはもう心が欲望から脱けでていたので、女たちのふるまいを楽しむこともなく、眠りについてしまった。女たちも「あたしたちが、この方のために、せっかくおつとめを果たしているのに、この方はさっさと眠ってしまわれた。これ以上やってもくたびれるだけだわ」と楽器をほうりだして寝てしまった。

王子は目が覚めたので、ベッドの上で両脚を組んで起き直り、女たちが楽器を散らかして眠りこんでいる姿を眺めた。

ある女は口端からたらしたヨダレで体を濡らし、ある女は歯ぎしりし、ある女は着物をはだけて、いやらしい陰部を露わにしていた。王子は女たちの打って変わった有り様をみて、ますます情欲が失せるのをおぼえた。

「ああ、なんという哀れ、なんという悲惨なことか」と思わず慨嘆の言葉がでて、ただもう出家することに心がかたむいていった。

『ジャータカ』

見方によってはこれ以上の贅沢はあるのかという環境も、ブッダにとってはいまや「鬱《うつ》」の種にしかならなかったというわけです。

ちなみに、この美女たちが眠りこける有り様についてブッダが、「**死体捨て場のように感じた**」というすごい文章を『ジャータカ』はこれにつづけてのせています☞14。付け加えておくと、『ジャータカ』はブッダの死後かなりたってから作成された「仏伝文学※」の一種としてブッダの高貴さを強調するために書かれており、「裸の仏教」探求の立場からは大いに割り引く必要はあります。

少なくともそこで描かれているブッダについては、**実際のブッダ**というよりは、これらの作成者たちが、**伝えたかったブッダ**の姿とみるべきことはいうまでもありません。が、ここで「後世に伝えたい」と当時の坊さんたちが欲したブッダの姿は、現代のわれわれからみるといかにも「偏屈な」青年というしかないものです。しかもそれが弟子の坊さんたちの「賞賛」の的となっている。では、何がかれらをそうさせたのかといえば、もとよりブッダの教え、すなわち仏教です。まえにわたしが「人間嫌い」がブッダが生きている当時の仏教を理解するためのキー・ワードだとしたのはここからきています。ブッダは初めての子供にラーフ

※仏伝文学
『ジャータカ』と『マハーヴァストゥ』(47頁参照)、『ブッダ・チャリタ』(73頁参照)が仏伝文学のいわゆる御三家。民話由来の自然発生的な性格の『ジャータカ』に対し、後の二者は文学的な創作性がきわだつ。

☞14
ブッダの弟子たちは死体捨て場で腐乱死体や骸骨を前に瞑想をおこない「無常」を観じるのが、修行の必須科目でした。

ラ、悪魔という名をあたえました。これは仏教説話以前の「事実」です。そして仏教説話の「文学的装飾」の行間から否定しがたく立ち昇るのもまた、この「人間嫌い」という仏教の開祖ブッダにまつわる「事実」のもつ匂いなのです。

コラム

ブッダは神を信じたか？

ブッダは神様には一貫して無関心でした。

当時のインドの人々はヒンドゥー教の神々を拝んでいました。神々への信仰を無視したことは、ブッダが教祖となったのち異端として非難される最大の理由の一つになったほどです。

『ディーガ・ニカーヤ』という古い経典集に、ヒンドゥー教でそのころ人気のあった梵天（ブラフマー神）をまつる祭司たちについて聞かれたブッダがこう答えるシーンがでてきます。

「かれらは梵天を一度も見たこともないし、どこにいるのかも知らない。そのくせむやみに語りたがる。かれらの言葉はすべて噴飯物であり、うつろなものにすぎない」

また、ヒンドゥー教がおこなう護摩焚きやいけにえの儀式についても、

「人が一年間、神をまつり、いけにえをささげ、護摩を焚いて願い事をしたところで、仏教の修行者を尊敬することの四分の一のご利益もない」とか、「百年の間、毎月千回ずつ神への祭祀にはげんでみせるよりも、仏教の修行者をほんの一瞬でも尊敬する方がましだ」と語った言葉が『ダンマパダ』というこれも古い経典に伝わっています。

ブッダの「合理主義」はいわゆる「迷信」の類いに対しても大いに発揮され、さきの『ディーガ・ニカーヤ』にはブッダが「くだらない」とみなした「迷信」の名がつぎのように列挙されています。

夢占い
人相占い
手相占い
運勢に対する吉凶占い

願かけ

もしいまの日本社会にこのブッダの「迷信」批判の基準をもちこめば、寺や神社のおみくじや絵馬はもちろんダメ、街の占い師はさっそく職業替えをせまられることになるでしょう。

ちなみに、ブッダは星占いもお気に召さなかったらしく、本章にも登場した『ジャータカ』によると、ブッダは星占いで「凶」とでた日に恋人へのプロポーズをやめた男について、

「星占いになんのご利益があるというのか。良い娘をめとること自体が良い星というものではないか」

とたしなめていますし、姓名判断に関しても、

「人の名前はただの言葉だ。賢者は名前によって人の価値を判断しない」と皮肉っています。

ヒンドゥー教では神への願い事をするときにマントラと呼ばれる呪文を唱えましたが、ブッダが「多くの呪文をやたらにつぶやいても人は浄められない」と辛らつにくさした言葉が『サンユッタ・ニカーヤ』という経典集にでてきます。

ブッダの死後、インド仏教はのちにのべるようにヒンドゥー教の影響を大きく受けることになり、日本が中国大陸経由で輸入することになった仏教もこの変貌後の仏教。そのため研究者のなかには日本仏教について、「仏教の衣を着たヒンドゥー教」とよぶ人もいます。

呪文と同様に仏教につきものとされる極楽や地獄にもブッダは無関心でしたが、これらのトピックは第五章のコラムであらためてとりあげるつもりです。

第二章

「私は妻子を捨てます」

――王子ブッダ、宣言す

「実際のブッダ」対「伝えたいブッダ」

「人生」とは、この世に生まれ死んでゆく人間が過ごす時間のことです。そしてだれの「人生」にもその流れを変えるいくつかの節目があるものです。ブッダという古代インドが生んだ偉人の人生もまた例外ではありませんでした。

ブッダは仏教という「世界宗教※」の創立者として、その死の直後から今日にいたるまで数限りのない「仏伝（伝記）」の対象となってきました。

それらの「仏伝」が描くブッダの人生にはきまって、書き手たちが力をこめて語ろうとするいくつかの大きな節目があります。**一つ目は二十九歳の年の「出家」、二つ目は三十五歳の年の「成道《じょうどう》」（「悟り」を得ること）、三つ目はブッダ八十歳の年に起きたその「死」（「仏滅《ぶつめつ》」）**、がそれです☞1。これら三つの出来事はどの「仏伝」のなかでもブッダの人生を語るうえで欠かせない「見せ場」の場面を提供することになるわけですが、ただ、好もうが好むまいが、かれの人生の「節目」は実際にはこの三つにはかぎられません。

少なくともブッダ礼讃の立場からする「仏伝」（これが大半なわけですが）があまり口にしたがらない、しかし決して見過ごせない印象的な「節目」と考

※世界宗教
キリスト教・イスラム教・仏教を合わせて一般に「世界三大宗教」と呼ぶ。

☞1
ブッダの誕生を「仏生（ぶっしょう）」といいますが、あまり使われません。ちなみに仏滅・大安・赤口・先勝・友引・先負の六曜は中国生まれの暦法で仏教とは関係ありません。

えるべき事件もあり、仏教の原点を探る本書ではこれらについても一部始終をとりあげてゆくことになります。ともあれすべての「節目」を通して共通していえるのは、それらが大なり小なりブッダの「家族」たちの絡む出来事だったということです。

くりかえしになりますが、ブッダの人生には「実際のブッダ」とかれを導きの星として仰ぎ見る弟子たちにとっての「伝えたいブッダ」の人生の二つがあります。そして、この二つはしばしば耐え難いほどの矛盾を、仏教の歴史や思想に関心をいだく研究者たちの鼻先に突きつけることになる。

しかも後者のブッダの「人生」は、その死後、時間の経過とともに拡大の一途をとげた「神格化」のなかで、文字通り、「**生きた神**」としてのそれへと熱狂的かつ巧妙にドラマタイズされ、昇華されてゆく☞2。「ブッダの仏教」の真実は歴史の闇の彼方に覆い隠されてゆく。そして、その際、これら「信仰」の立場からする開祖神話の創造者たちにとってなんとも扱いに困る存在になったのがブッダの家族、とりわけ妻となったヤショーダラーでした。

実際、十六歳の年から十三年間も夫婦関係を結び、子供までもうけたいわば、「**生臭い**」**存在**である彼女が、ブッダを「神様」として描きたい出家者たちの目に世にも

☞2
「生きた神」としてのブッダの姿を表したのが仏像です。ただし、仏像ができたのはブッダの死後数百年後のことでした。

目障りな生き物と映らざるを得なかったことは、理解できるでしょう。結果として、ヤショーダラーという女性は、「伝えたいブッダ」を物語るすべての経典のなかで、ブッダの高貴さをどうしても呑み込めない、**頑固でめんどくさい女**という損な役回りを演じさせられることになったわけです。

ヤショーダラーがブッダの十六歳の年に嫁がされた幼な妻だったこと、二人の夫婦仲が冷え切っていたらしいことは第一章でふれた通りですが、そのことは、これからのべるブッダの出家をめぐる言い伝えからもうかがうことができます。

祇園精舎に鐘はなかった

さて、ブッダの出家は、単に家族のみならず王家をも捨てることを意味しましたが、その意志はどうやら妻より先に父親のスッドーダナ王に最初に伝えられたようです。

そんなわけでブッダの「出家」に関する経典の記述も自然と父親との交渉が中心におかれることになる。つまり二人の間に生じた「確執」に光があてられるわけですが、ここでブッダの家族構成についてあらためてふれておくと、ブッダは紀元前六世紀の半ば頃にヒマラヤの麓近くの小国シャカ国の王子として、シャカ一族を率いる国王のスッドーダナを父に、その王妃のマーヤー夫人を母に生まれました☞3。ただ、マーヤーはブッダを出産して七日目に亡くなってしまい、ブッダは父スッドーダナが後妻としたマーヤーの実妹のマハーパジャーパティー※に育てられることになりますので、このマハーパジャーパティーという舌を噛みそうな名前の女性が実質的な母親だったといってよいかもしれません。

シャカ国は小国でしたが、幸い土地は肥沃で、稲作が盛んなそれなりに豊かな国だったようです。スッドーダナは漢訳仏典で、**浄飯王**《じょうぼんのう》と呼ばれている通り「浄《きよ》い米飯」という意味の名で、このことからもブッダの祖国が何を「基幹産業」とした国だったかがわかるでしょう。

また実家の姓である「ゴータマ」は、**このうえなく良い牛**を意味する言葉で、これまたじつにインド的というかローカル色がぷんぷんと匂ってくる。

ただし、農業だけが産業だったわけでもなかったようで、ヒマラヤ寄りの山地と南方のガンジス河中流にひろがる平原地帯とをつなぐ地域という地の利を生かして、農産物の流通の中継地としてそこそこの商業的な繁栄もとげていたとみられます。

このシャカ国が強国として鳴らしていたコーサラ国の従属国となっていたことは、まえに書きました。

☞**3**
マーヤー夫人（摩耶夫人）のお腹からでた赤ん坊のブッダが「天上天下唯我独尊」（世界で尊ばれるべきは我一人）と叫んだという伝説は、江戸時代から落語でからかいのタネになりました。

※**マハーパジャーパティー**
大愛道。のちにブッダの異母弟を生んだ。

コーサラ国はシャカ国の南側、ガンジス河の中流域に位置する大都市の発達した経済大国であると同時にインド有数の強大な軍事力を誇った国でもあったため、シャカ国としては何かにつけ気をつかわねばならない存在、要するに生殺与奪の権をゆだねざるを得ない存在だったようです。

これは一国の経営に責任をもつ王家の人々についてはとくにいえたようで、ブッダが成人した当時のコーサラ国の国王はパセーナディという王様でしたが、『ディーガ・ニカーヤ※』という古い経典集にはこんなくだりがでてきます。

　シャカ族の人々は、コーサラ国のパセーナディ王に従属していた。かれらは、国王と会うと、いかにも従順な態度をとり、席をたっては国王に対して手を合わせ、へりくだった姿勢をみせた。

また、同じく別の最初期の経典集には、ブッダ自身の言葉として、

　ヒマラヤの麓には正直な種族がおり、昔からコーサラ国の住民だった。

『スッタニパータ※』

※ディーガ・ニカーヤ
『長部経典』。名前の通り、長めの経典が三十四経おさめられている。

※スッタニパータ
現存する最古の経典を含む。全部で千百四十九の韻文（詩）からなり、第四章と第五章はとくに古いとされる。漢訳名『経集』。「スッタ」は経、「ニパータ」は集まりの意味。

とあり、これはコーサラ国を今日の米国にたとえるならば、シャカ国がそこに暮らす人々の意識において事実上合衆国の州の一つになっていたことをしめすものかもしれません。

実際、これはブッダが出家したあとの話になりますが、コーサラ国は経済大国であるだけにいまでいう資本家、富裕な事業家をたくさん都市に集めており、ブッダが教団を運営をしてゆくうえでかかせない寄進、要するに寄付の調達先にもなりました。

ブッダの教団が修行者のために作った宿舎をヴィハーラといい、中国では精舎と訳されましたが、『平家物語※』で有名になった、**祇園精舎**《ぎおんしょうじゃ》※も、コーサラ国の大資産家の一人だったスダッタという名前の長者から同国の首都サーヴァッティーの郊外に寄付された土地に建てられたものでした。

『平家物語』では、「**祇園精舎の鐘の声、諸行**《しょぎょう》**無**《む》**常**《じょう》**の響きあり**」という冒頭の名文にある通り、この精舎には鐘があったことになっていますが、寺で鐘を突いたのは中国の時代になってからで、インドの祇園精舎には鐘はなかったようです。

かわりにドラのようなものがあったという話もありますが、これではあまりに情緒がなさすぎるというか興ざめな話ですよね。

※平家物語
作者不詳。原型は鎌倉時代初期に成立。

※祇園精舎
「祇園」は「祇樹給孤独園」(孤独な人々に食を給する慈善家の園)の略。「諸行無常」の四文字は、ブッダの人生をしめくくる場面のテーマになった。

父・国王、必死の説得工作を始める

このスダッタ長者という人物は、コーサラ王家とも親しい仲にある有力者だったようで、ブッダも教団の長となってからはパセーナディ王※をはじめとする王家の人々と良好な関係をたもつことに意を用いたと思われます。

ただ、そうした苦労の甲斐もなく、パセーナディ王が退いた後しばらくして、シャカ国はコーサラ国王の座を継いだ息子の軍隊によって侵略をうけ滅亡してしまう憂き目にあいます。

そしてブッダは、この文字通り祖国危急の際に演じた、「**利己的なふるまい**」を理由に、またもや出家者以前の、「**人間としてのあり方**」を、仏教に批判的なヒンドゥー教の社会に生きるインドの人々から大いに非難されることになるのですが、これについてはあとであらためてふれることにしましょう。

スッドーダナ王が息子に甘い父親だったことはまえに紹介した通りですが、そのぶんブッダにとってはものを言いやすい相手だったようで、「出家」の意志を最初に打ち明けた相手が国王だったことはすでにのべました。

スッドーダナはブッダを生まれたときからみている父親ですから、その気質につい

※パセーナディ王
伝説によると、ブッダの在世中、家臣の讒言を信じた王子に追放され、流浪の末に悶死したという。

てはだれよりものみこんでいるつもりだったでしょう。
ブッダが小さい頃より人間の老いや死に異常に興味をしめす、**しんき臭いキャラの持ち主**だったことも知っていましたが、いくらそうだとはいえ、さすがに、「**だから家族を捨てます**」という発想は、父親としても国王としてもスッドーダナの辞書にはなかったようです☞4。こうして、この間のいきさつをつたえる経典の記述は、父国王のうけた衝撃とあいまって、ほとんど、**ドタバタ喜劇の連続**といったおもむきを呈することになります。

その一方でそれは、息子の出家の引き留め工作に奔走したあげくことごとく無視される父親が演じる、悲劇としかいいようがない物語でもあります。

その物語をのせるのが、まえにあげた『ジャータカ』と並ぶ「仏伝文学」として知られる『マハーヴァストゥ※』という書物ですが、問題の悲喜劇の場面は、ブッダが「出家して絶対の安息の境地としての悟りを得たい」と打ち明け、それを聞いた国王が息がとまるほど驚くところから始まります。

もっとも、これは仏教徒にとってはありがたい話で、もしこのときブッダがこうした浮世離れした情熱にとり憑かれなかったら、仏教は存在しなかった。実際、それは仏教の文字通り歴史上のスタート地点となった出来事でもありました。

☞**4** 少年のブッダが外出先で道端の行き倒れの病人に異様な衝撃をうけたという言い伝えがあります。出家の動機としてＰＴＳＤの発症の可能性を指摘できるゆえんです。

※**マハーヴァストゥ** 『大事』。ブッダにまつわる「大いなる章」の意味。『ジャータカ』に少し遅れて成立した。

スッドーダナはなんとかブッダを翻意させようと必死の説得を試みます。

おまえは生まれ育った自分の国や民たちを捨てるというのか？　悟りがどうした！　そんなことは、心の中だけで考えてすませておけばよいではないか！　それですますならば、この家にとどまったままでも、できるはずだ。息子よ、頼むから心の中で思うだけで満足してくれ。おまえが出家などしたら、この父は死んでしまうだろう。

『マハーヴァストゥ』

これは、かれの立場を考えるならばいつの時代、どの国でも口にされそうな泣き落としとも脅しともつかぬ台詞でしょう。

が、ブッダはもはやテコでも動かぬ様子で、耳を貸そうとはしません。スッドーダナは困りはてたあげく、こんどはブッダの親しい家臣たちの手を借りようとします。国王から知らせをうけた家来たちはぞくぞくと宮殿に駆けつけてきました。かれらはブッダに面会し、「王子様、どうか出家などお考えにならないでください」と口々に懇願します。

ところが、ブッダの態度はけほども変わらない。それどころか、ハチの巣をつつくような騒動のなかでいつのまにか姿を消してしまい、どこに行ったのかと探してみると、

ブッダは周囲の騒ぎをよそに、宮殿の庭の閻浮樹《えんぶじゅ》※の下で坐禅を組んで、瞑想にふけっていた。

同前

※**閻浮樹**
ジャンブ樹。高さ十メートルにおよぶ落葉樹で、紫紅色の美しい果実を結ぶ。フトモモ科。

このあたり、何をいおうが俺は聞かないしというデモンストレーションだったのかもしれませんが、これをみてスッドーダナは、「**憂慮の深海に沈んでしまった**」と『マハーヴァストゥ』は記しています。

要するに、今日の言葉でいえば鬱状態におちいって、「**心から死にたくなった**」ということなのですが、しかし、国王の重責をになう身としてはそうもいってはいられません。

スッドーダナはあらためて側近たちと謀ったうえで、こんどは都じゅうの美女を集めて、歌や踊りや音楽でブッダをとりこにせよ、と命じます。

ブッダのこれまでの言動をみればそんなことはやるだけ無駄だとわかってもよさそ

うなものですが、もはやダメ元というか、何かをせずにはいられない気持ちだったのかもしれません。

「王子よ、なにが不満なのだ!」

命令をうけた家臣たちはさっそく美女集めにとりかかります。かれらの手配のもと都のなかでも選り抜きの美貌の持ち主たちが呼びよせられて、ブッダの住まう宮殿で飲めや歌えの歓楽の宴が始まります。

その宴が最高潮に達したと思われる頃、国王は家臣に命じてブッダの様子をひそかにのぞきにゆかせます。が、戻ってきた家臣の報告は、国王をさらに落胆させるものでした。

「国王様、王子は美女たちが目の前でいくら歌い、踊り、楽器を奏でても、眉一本うごかさず、関心をお示しになりません。それどころか、女たちの面前で坐禅を組んで瞑想をなさっています。そして瞑想から覚めると、『人間の肉体は無常で、苦をもたらすもので、実体を欠いている』と説かれています」

そう、ここでもやはり、**坐禅**《ざぜん》なのです。

『マハーヴァストゥ』によると、家臣の報告を聞いたスッドーダナ国王は、「**すっかり青ざめ、うちひしがれてしまった**」。それでも気を取り直して、こんどは家臣にまかせず、自分の足でブッダのもとへおもむき、

いったい、おまえはどうしたんだ？　何が不満だというのだ？　言ってみろ。なぜいつまでもおかしな憂鬱にとり憑かれているんだ？

同前

と問い詰めます。ブッダにすれば、憂鬱どころか、瞑想こそがこの世で最高の楽しみと感じたからこそ周囲の騒ぎを逃れて沈湎していたわけですが、「偉大なる常識人」である国王にそんな胸中が伝わるはずもありません。

ブッダは毅然として答えます。

この世のあらゆるものは滅するという法則にしたがって、わたしのこの肉体もいつかは滅びます。父上、おわかりですか？　このようにこの世のあらゆるものは空虚で、幻のようであり、あてにならないものなのです☞5。

同前

いつかは滅びるこの命ならばせいぜい楽しもう――そう考えるのが普通の感覚なのでは、とわれわれはつい考えてしまうわけですが、ブッダにそんな理屈は通じません。息子のこの台詞を聞いて、国王はついにキレます。かれはブッダにむかって叫びます。

息子よ！　もうたくさんだ！　そんな思いにとらわれるのはもうやめろ。おまえは若い。青春の真っ盛りにいる。いいから、将来の国王としてとにかくつとめを果たせ。幸いおまえは人並み以上の男前に生まれ、徳もそなわっている。そんな恵まれた身でありながら、どうして出家など考えるのか？　なぜ目の前のことに喜びを見出そうとしないのか？

同前

☞5
「諸行無常」を説いています。このあと「父上、財産も長続きはしません。それはいつしか損なわれ、移り変わっていきます」と続きます。

ブッダは静かに答えます。

父よ、わたしには、そんな喜びなど一つもありません。あるのは、わたしやあなたという人間にいつしか訪れる病や老い、そして死への想いだけです。その想いはわたしを押しつぶします。したがって、このわたしに、父上、あなたがおっしゃるような喜びなどはありません。

同前

ブッダ、ついに宮殿を脱出する

結局、人間はいつか必ず病み、老い、死んでゆく。だから、他に想うに値することなどはなく、執着すべきものも何一つない――これは、ブッダを一秒たりともとらえて離さない強迫観念なのです。

このあたりにくると、スッドーダナとしては、小さい頃から見慣れたはずの息子が薄気味の悪い生き物にみえてきたのではないか？

じつは、経典の伝えるこのどこまでいってもかみ合わぬ二千五百年前の親子の会話を読むたびに、わたしは、以前目にした、オウム真理教※の家族の手記の、「出家」の熱病にとり憑かれた息子とそれを引きとめようとする家族たちとの胸の張り裂けそうなやりとりを思い出します。さらに、出家を反対されたあげく、泣いてすがりつく小さな娘を蹴飛ばして家をでたという、日本の平安末期の西行法師※の伝説もまた。質こそ違え、これらは、**「世俗否定」の教え**という仏教がその発足以来長い歴史を通して伝えてきた「遺産」の一種ですが、いずれにせよ、ここに「出家至上主義者」がかかえる「業《ごう》」といったものを感じる人も多いかもしれません。

父スッドーダナはあきらめるわけにはゆかず、その説得はつづきます。女たちの派遣工作もくりかえされることになりますが、これらの「美女軍団」がブッダの監視役を兼ねていたことは容易に想像のつくところです。

そして、前章に登場した、ブッダが「死体捨て場のように感じた」とも伝えられるハーレムの美女たちの眠りこける場面は、ここにつながることになります。「仏伝」の諸場面を通して際立つもの、それは父国王の憔悴ぶりとそれを超然と眺める息子のブッダとの対照ぶりです。

父の説得は、結局のところ何一つ実らずじまい。それどころか、ブッダの持ち前の世俗嫌いにますます拍車をかけるという無残な結果に終わることになります。

※**オウム真理教**
仏教をかかげたカルト集団。一九八六年に発足。武装化路線をおしすすめ、一九九五年に死者十三人、負傷者六千三百人におよぶ地下鉄サリン事件をおこした。厳格な出家主義をとる一方、教祖の麻原彰晃は妻子をもち終始在家を通すという特異な指導体制を敷いた。

※**西行法師**
一一一八～一一九〇。武士出身の僧で歌人。歌集『山家集』。

ハーレムの美女たちが痴態をさらして眠り呆けるのを目撃したその夜ふけ――ブッダは、前もって手なづけておいたチャンナ※という名の従僕に命じて、ひそかに馬を一頭用意させます。

チャンナは万事をのみこんで厩舎へ駆け入ると、カンタカ※という名の駿馬を選んでブッダの使う馬具をのせようとする。

さきほどブッダ死後の神格化の話を書きましたが、このあたりを描く経典の熱狂ぶりはすさまじく、その瞬間のカンタカの胸中にまで踏み入って記しています。

カンタカは馬具をつけられたとき、そのつけ方がいつもと違ってひどく念入りであることに気づいた。「おや、この馬具のつけ方はいつになくしっかりしているぞ。そうか！　わが王子はいまから大いなる世俗からの離脱を試みようとしているにちがいない！」。そう思ったカンタカは、感動のあまり高らかにいなないた。

『ジャータカ』

ブッダはチャンナが引いてきたカンタカに飛び乗ります。そして首尾よく深夜の城門を抜け出ることに成功します。経典によると、このとき天の神々がブッダの脱出を

※**チャンナ**
ブッダを慕い三度一緒に出家することを懇願したが、三度断られたと経典は伝えている。

※**カンタカ**
「非常に大きく、力は強く、足の速い、磨きたてのホラ貝うを思わせる美しい白馬だった」（『ジャータカ』）

いざ出家！

助けたということになっているのですが、ブッダがスッドーダナ国王が呼び寄せた家臣たちの囲みを易々と突破した様子からみて、チャンナ以外にも手下に誘いこんでいた者が何人かいたとみるのが自然でしょう。

つまり、これは思いつめたすえの衝動的なものではなく、どうみてもあらかじめ周到に練られ計画された家出だったのです。

都をでたブッダは風のように森をぬけます。夜を徹して国境をでるとやがてアノーマーという河のほとりに達する。

河を渡ったところで、「**この王冠をのせた髪はもはやわたしにはふさわしくない**」といって腰の剣を抜き、みずから断ち切ってしまった。

要するに、早々と出家の重要な儀式である、**剃髪**をおこなったというわけです。また、かれは着ていた「カーシ産」の豪華な服も脱ぎ捨てて粗衣に着替えてしまった☞6。

これら一連のおこないは、文字通り、世俗とのしがらみを断ち切る象徴的なふるまいを意味しました。

この儀式のあと、従僕のチャンナに向き直ったブッダは、「**おまえは宮殿にもどれ。わたしの両親にわたしのこの一件と無事でいることを伝えよ**」と命じた。

この言葉を聞いた馬のカンタカは「もう二度と我が王子には会えないのだ」と思っ

☞**6**
カーシ国は非常に栄えた古い国で、いまでいえばイタリアの高級ブランドの服のようなもの。が、そんなカーシ国もやがて戦国のならいでコーサラ国に併呑される**憂き目**にあいました。

た。そしてショックのあまりその場で死んでしまったというのが仏伝文学『ジャータカ』の説明ですが、ここまでくるともはや事実の伝達などどこ吹く風、後代の弟子たちがいかに何があっても開祖様を神とせずにはおくものかという熱意に突き動かされていたかがわかるでしょう。

こうしてブッダ出奔の「真相」はカモフラージュされるのですが、経典の多くは、開祖ブッダを崇拝するあまりの誇張に満ちています。ただ、同時に、その行間から伝わってくるものもある。それはこのとき青年ブッダの胸を焦がしていた情熱、「世俗からの離脱」の情熱のやみくもなたぎりぶりです。

ブッダはチャンナを「出家」の報告者として宮殿に返すことにしました。そして両親に自分の無事を伝えよとそれなりの気遣いをみせたあと、遠方をめざして去って行った。ですが、ここでなぜかれが配慮をしめしたのは「両親」だけだったのでしょうか？　そう、夫の家出という大事件のこの夜、肝心の妻、ヤショーダラーはどこで何をしていたのでしょうか？

コラム

殺人鬼も娼婦もOK——過去は問われなかった修行者

出家者は出家にあたって過去の行状を一切問われませんでした。俗世との縁を断ち切る覚悟が固ければそれでよしとされたのです。

たとえば無法者あがりの出家者として多くの経典が伝えるアングリマーラ。バラモンの息子で小さい頃から際立った美貌と頭の良さで鳴らしたかれは、長じてある年配の祭司の弟子となる。祭司には若い妻がいたが、彼女はアングリマーラを一目見て夢中になり、関係をせまる。驚いたアングリマーラは拒否しますが、恥をかかされたことを恨んだ若妻は夫に「かれにレイプされた」とニセの告げ口をする。

妻の涙ながらの訴えを真にうけた祭司はアングリマーラを破滅させるために一計を案じ、かれを呼んでつぎのようにすすめました。

「おまえにはどうしても消せない前世の重罪がある。それを消すために殺人の行というものがある。いまから街へゆき、千人の命を奪ってこい。その行が完成するとき、殺された人々は全員天界へゆき、おまえの魂もまた浄化される。おまえははめでたく一人前の祭司になれるだろう」

なんとも不思議な理屈ですが、九〇年代前半のオウム真理教事件で教祖の麻原彰晃が殺人を正当化するために唱えた「ポア」をどこか連想させるものがあります。

このあとアングリマーラは師の言葉にしたがって邪悪な「行」に手を染め、都で名を轟かす大量殺人鬼になる。が、ある日、ふとしたきっかけで出会ったブッダに非をさとされ、改悛して出家、すぐれた修行者になったというのが話の結末になっています。

　また、これも多くの経典が伝える娼婦出身の尼僧だったウッパラヴァンナー。資産家の娘だった彼女はたぐいまれな美しさを見そめられて金持ちの嫁となるが、夫の留守中に不貞をはたらいたとの噂をたてられ、家を追い出される。その後、行くあてもなく盗賊の妻となった彼女は女の子を生むが、夫といさかいを起こして一人で家を飛び出してしまう。流浪の末、ウッパラヴァンナーは娼婦に身を落とすが、それから十数年たち、客としてきていた隊商の頭と結婚する。数年後、隊商の頭は「第二夫人をもつことになった」と言って若い女を連れてきたが、よくみるとそれは彼女が盗賊の夫のもとに残した実の娘だった。

　なにもかもに嫌気がさしたウッパラヴァンナーは家をでると、不覚にも以前の娼婦の暮らしに舞い戻るが、あるとき、たまたま出会ったブッダの弟子の説法を聞いて自分の罪深さに目覚め、尼になった。

　と、ここで話が終わればハッピーエンドですが、出家後彼女は、森で一人で修行中に昔の顔見知りの男に力づくで犯されるという悲劇に見舞われます。このとき彼女に反感をもつ尼僧たちがヒソヒソ話に打ち興じたのをブッダがたしなめた、という話が伝わっています。

　ただし、これらはいずれも教団の草創期の話。ブッダの死後教団の制度が整備されると、少なくとも盗賊の出家は拒否されることになりました。

　なお、尼僧の出現は教団に大きな波紋を投げかけましたが、これについては第七章でふれたいと思います。

第三章

ブッダの妻ヤショーダラー、怒りを爆発させる

『ジャータカ』物語の伝えるブッダ

第二章で「出家」に至上の価値をおく立場から書かれた「仏伝文学」の『ジャータカ』からいくつかの文章を引用しました。『ジャータカ』、とりわけその序文にあたる部分は、ブッダの出奔のいきさつをあつかった文献として名高いものです。

それによると、かれは従僕のチャンナの協力によって、父や家臣たちの目を盗んで国を脱け出すことに成功する。それが発作的なものではなく充分な計画のすえの企てだったと思われることはすでにふれた通りです。

本書の冒頭でブッダの誕生した頃ヒンドゥー教の支配する社会に出現した「出家」ブームについて記しましたが、このときのブッダはそうしたブームにかぶれた地方のインテリ青年の一人にすぎませんでした☞1。

が、その内気な、**坐禅好きの王子**が妻子を放り出してまでこの流行の渦中に身を投じるという捨て身の決断をしてくれた。前章でものべましたが、そのおかげで——良くも悪くも——今の仏教があるのですから、だれが考えても、**「仏伝」の見せ場**にならざるを得ない。

☞1
ヒンドゥー教の正統派の出家者に対し、ブッダら「異端」の出家者は一括して「沙門」（サマナ）と呼ばれました。また神への無関心から「虚無論者」（ナースティカ）という呼び名もありました。

しかも捨てられたのが十三年連れ添った初産直後の妻だったわけで、この場面のもう一方の主役は妻であってよいはずなのですが、その彼女が『ジャータカ』序文では——ハーレム美女の「痴態」についてはあれほどこれでもかと描いているのにくらべて——なんとも影が薄いのです。

ただ、ふれられていないわけでもなく、それによると、従僕のチャンナに馬を用意させたブッダは、このとき最後に一度だけ妻のヤショーダラーの部屋を入り口からのぞきこんだといいます。

ちなみにこの場面での彼女は、ヤショーダラーと名前を使われずに単に「ラーフラの母」と呼ばれています。

『ジャータカ』のその部分によると、

ブッダは宮殿の座から腰をあげて、ラーフラの母の住居へ行き、奥の寝室のドアを開いた。部屋には油燈がよい香りをはなってともっていた。ラーフラの母は、スマナ※やマッリカー※などの花がまき散らされたベッドで、乳飲み子の頭に手を添えながら眠りこんでいた。ブッダは、入り口の敷居に足をのせたまま妻とラーフラを眺めた。

※**スマナ**
強い芳香を放つ白色の花をもつ。モクセイ科。

※**マッリカー**
香水がとれるジャスミン系の常緑灌木。モクセイ科。

が、結局、

「もしわたしが入っていって王妃が目を覚ませばどうなるか？　出立の邪魔になるだけだろう。わたしは、修行を積んで悟りを得てからここに戻り、息子と会うことにしよう」

と考えて声をかけないことにした。

こうしてブッダは、ふたたび足を忍ばせて妻子の眠る寝室の入り口を離れ、宮殿を脱出してゆくことになるわけですが、ここでの「ラーフラの母」、ヤショーダラーは、『ジャータカ』の語り手たちによって、あくまで、「**出家の足かせ**」としてのみとらえられている。そこには一切の同情らしき口吻がこめられていないことに注意すべきでしょう。

いうまでもなく、ブッダの、「**崇高な出家**」を描こうとする『ジャータカ』の作成者たちにとってはその調子で問題ないわけですが、ここにかれらの「意図」と現代の一般の読者の「受け取り方」とのギャップの問題が生じることになります。

それは、一口にいえば、今日の読み手の多くの目にはこうしたブッダのふるまいがいかにも、**身勝手すぎる**ものに映る、という反応を生んでしまうという問題です。

実際、ブッダのこの夜の行動は、素直に読めば読むほど、なんともはや、**エゴ丸出し**のものにみえてくる。こうして、今日の仏教の研究者――経典の書き手と現代の読者との間をつなぐ立場にある人々ですが――は、一つの大きな課題に直面することになります。

その場合、多くの研究者は「現代のわれわれの基準では抵抗を感じるが」という意味の枕詞付きで、ブッダが演じた妻子への「仕打ち」を説明せざるを得なくなるわけです。

たとえば、戦後の日本の仏教学をリードした中村元※は、著書『ゴータマ・ブッダ』のなかで、ブッダの「出家」について、

新たに妃を迎えた喜びも、ゴータマ・ブッダの憂鬱を消し去ることはできなかった。かれは、王宮における華美で豪奢な生活に満足することができなかった。かれは、人間の生のもつ困難な問題に取りつかれ、思いあぐむようになった。愛児に対する愛情も、かれを永久に世俗の人としてとどめることはできなかった。かれが二十九歳に達したとき、真理を求め人生の問題を解決しようとの念やみがたく、つ

※**中村元**
一九一二～一九九九。『決定版中村元選集』『論理の構造』他著書多数。

いにかれは王宮から遁れ出て、出家修行者となった。

とのべたうえで、こうつづけます。

おのが家族をすてて出家行者となるということに、現代のわれわれは抵抗を感じる。「出家」ということにどれだけの意味があるのであろうか、という疑問が投げつけられている。――ゴータマ・ブッダは、かれの妻ヤソーダラー（ヤショーダラー）や一子ラーフラに対してあまりにも冷たい態度をとっていたのではないか？（少なくとも）さとりを開いて山を出たブッダは、妻子のもとに帰り、かれらの夫として、父としての立場に立って衆生救済の道を説いてもらいたかった、と。……そうしてこの非難は、現代的視点から見るならば、あたっていると思う。ただ、ゴータマ・ブッダの行動は、かれの生きていた時代の社会生活から理解されねばならない。出家を必要とする社会的事情が存在したにちがいない。

ブッダの「エゴイスティックな焦りと迷い」

要するに、ブッダのこのときの選択はあくまで本人の生きていた時代の歴史的・社会的な文脈にもとづいて解釈すべきである。単純に今日のわれわれが当然視する尺度をあてはめてはならないというわけですが、こうした主張の底に一種の結果論、結局この夜の「非情な」選択の結果「悟り」という歴史に残る圧倒的な成果があったのだから、という、「**後から史観**」が横たわっていることは容易にみてとれるところです。

もっとも、中村自身は「ブッダ崇拝」とは一線を引いた「公正な」ブッダ像を追求する客観主義、近代仏教学の立場を崩していませんが☞2、同じ仏教学者である羽矢辰夫※は、ブッダの伝記である著書の『ゴータマ・ブッダ』のなかで、この夜のブッダが浴びる、「**人間として行うべき道徳の道からはずれているのではないか、かれの倫理観には何か欠けているものがあるのではないか**」という非難にふれつつ、中村よりさらに共感的にブッダの「出家」の内外を論じたうえ、

妻や子や家族、一族への思いを断ちきり、ただひとりの身となって遍歴《へんれき》※する彼

☞2
あくまで一般論ですが、日本の近代仏教学にはブッダとの距離が近い仏教（初期の仏教）ほど高い価値を認める傾向がありました。明治以来モデルにした西洋の仏教学の態度にならったものです。この「被害」を一番こうむったのがヒンドゥー教から呪文の行を取り入れた密教です。194頁の脚注を参照。

※羽矢辰夫
一九五二〜。『ゴータマ・ブッダの仏教』『ゴータマ・ブッダのメッセージ』の著書がある。

※遍歴
出家者が修行や説法のために諸国をめぐり歩くこと。「遊行」ともいう。

（ブッダ）の内面をつき動かすものは何であったのか。かれの出家するまでについては、これまで内面、外面にわたってみてきました。読者のみなさんはどのように思われるでしょうか。

といさぎよく判断を読者に丸投げしています。

一方、これとはべつに、ブッダの偉大さは偉大さとして、出家にあたっての妻子への「仕打ち」に対しては醒めた立場をとる研究者もいて、インド哲学者の宮元啓一※は著書『仏教誕生』のなかで、

かくして釈尊《しゃくそん》（ブッダ）は、ようやく一子をもうけた。しかもありがたいことに、それは男子であった。……係累、とりわけ子供は、人を世俗世界につなぎとめる厄介ものでしかないという事実を、すでに釈尊は知りつくしていたということもあってか、薄情なようだが、釈尊は生まれたわが子に、いとおしいとの情愛を抱くことはなかったようである。

……実際のところ、当時としては、心底薄情な心境になければ、ほんとうの出家にはなれなかったのではなかろうか。

※**宮元啓一**　一九四八〜。『ブッダが考えたこと』『インド人の考えたこと』他著書多数。

と書いています。
また、宗教学者として多くの著作をもつ山折哲雄※は、『ブッダは、なぜ子を捨てたか』というそのものずばりのタイトルをもつ著書のなかで、やはりブッダのこの夜の身勝手さに話をふりながら、さらに踏みこんで「子捨て」自体に焦点をあてながらのべます。

……シッダールタ（ブッダ）が息子の誕生とともに家出を決意したとき、彼の気持は、むしろ新しく誕生した息子の存在それ自体に向けられていたような気がする。もしもこのまま時を過ごせば、このまま時を逸すれば、自分も、妻と子どもとともに世俗の中にとりのこされてしまう——そのようなエゴイスティックな焦りと迷いの中にいたのではないか。

無責任といえば、これ以上ない無責任な態度である。妻の立場、息子の立場になってみようとしない、自己中心的な態度である。

この山折の著書はブッダの子捨てというタブー視された問題に研究者の立場から初めて切り込んだ問題作です。山折はそこで、

※山折哲雄
一九三一〜。『悪と往生』『「ひとり」の哲学』他著書多数。

　今、前方には、自分のやらなければならないことが横たわっている。その一時の輝きのようなイメージが、彼の自己中心的なエゴイズムの輪郭を甘く包みこんでいる。欲望からの解放などではない。欲望にまつわるわずらわしさからの一時的な逃避願望が、いつのまにか肥大していた。

としたうえで、そうした自身に巣食う自己欺瞞にこのときのブッダは気づいていなかっただろう、とのべています。

　この山折の文章にでてくる「自分のやらなければならないこと」とは、**「悟り」を得ること**を意味します。

　いうまでもなくブッダが説いた、**仏教徒の最終ゴール**ですが、そのためにはどんな代償を支払ってもとにかく修行にうちこまねばならない。

　ブッダが偉大な宗教者であることについては、宮元も山折も疑問をはさんでいません。とするならば、この夜のブッダの「妻子捨て」の評価は、その目指した「悟り」――宗教思想史上画期的な達成とされるところの偉業――を得たあとのブッダのふるまいをみてからでも遅くはないという気もしてきます。

　そして、事実、「悟り」を成就したあとのブッダはヤショーダラーやラーフラ相手にじつに印象的なふるまいにでる。それを通して今日のわれわれを大いに考えこませることになるのですが……少し話が進みすぎたようです。

ブッダの愛馬にまで八つ当たりした妻

ここでもう一度、夫の出奔をむかえたその深夜、ヤショーダラーがどこで何をしていたのか、という前章の末尾の部分でふれておいた話にもどりましょう。

ブッダが宮殿をでていったとき、ヤショーダラーが乳飲み子のわが子とすやすやと眠りこんでいたことはすでにのべました。では、そのあと出奔を知ったヤショーダラーはどうしたか。残念ながらさきの『ジャータカ』の序文は一言も触れていません。関心などまるでないようにスルーして、ブッダの馬による宮殿脱出の場面に移ってしまいます。

ではそれに代わって彼女の様子を伝える文献はないものか？　と探してみると、紀元一世紀から二世紀にかけて生きた大仏教詩人アシュヴァゴーシャ※の、『**ブッダ・チャリタ**※』というブッダの一代記をのべた書物を見つけることができました。

これは『ジャータカ』よりさらに遅れ、ブッダの死後五百年以上も過ぎた頃に書かれたもので、この時代になるとブッダの「神格化」の情熱はさらに熱狂的なものになっ

※アシュヴァゴーシャ
漢訳名は馬鳴（めみょう）。国王の師となり、仏教界で活躍。

※ブッダ・チャリタ
漢訳名『仏所行讃』。「ブッダの生涯」の意味。

ています。

つまり、それだけでもうヤショーダラー妃の運命は決まったようなものなのですが、前章で、『ジャータカ』のなかから、深夜の宮殿を脱出した後のブッダに関するいくつかの文章を引用しました。

そこには、剃髪し粗衣に着替えて出家したブッダとの別れを悲しむ名馬のカンタカがショック死したという話が物語られていましたが、『ブッダ・チャリタ』ではいささか違った風の話になってきます。

こちらの方の話によると、カンタカは従僕のチャンナ（『ブッダ・チャリタ』ではチャンダカという名になっています）に引かれて宮殿に戻ってくる。そして、事態を知って出てきたヤショーダラー、ラーフラを抱いて眠りこけている間に夫が出奔してしまった「事実」を目の当たりにして頭に血が昇ったヤショーダラーから、これでもかと、**罵声のシャワー**を浴びせられるのです。

これは『ブッダ・チャリタ』のなかでも屈指の「名場面」になっています。「名場面」というのはヤショーダラーの、**夜叉**《やしゃ》※**のごとき形相**を生々しく伝える仏教文学的「リアリズム」、正確にはそのリアリズムの筆致に透けてみえるアシュヴァゴーシャの、「**狂乱妻**」に対する舌なめずりするような憐憫と嘲りの眼差しがひどく印象的という意味

※**夜叉**　インドの鬼神ヤクシャの音訳語。

での「名場面」です。

アシュヴァゴーシャ版の「物語」によると、まず最初に彼女のいけにえになったのはカンタカではなく、従僕のチャンナ（チャンダカ）の方でした。『ブッダ・チャリタ』のなかで、錯乱したヤショーダラーは「目を真っ赤にして」かれをどやしつけます。

おまえは、子供と眠っていて何も知らずにいたわたしを放っておいて、わたしのあの人と一緒にこんな夜ふけにどこへ行っていたの？　ひどい男ね。しかも、おまえは自分のご主人と馬と出かけて行ったのに、ご主人一人を置き去りにして、どういう魂胆からか馬と二人だけで帰ってきた。

チャンナは、王妃のすさまじい剣幕に大いにうろたえます。自分が主人を置き去りにしたなどとんでもない。すべては敬愛するご主人様ブッダの言いつけに従ったままでのことと泣きじゃくりながら許しを乞います。が、ヤショーダラーは聞く耳をもたず言いつのります。

おまえは、一体全体こんな恩を知らない恥知らずな仕打ちをわたしにしておきながら、なんでいまさらこれみよがしに泣いたりするの？　どういう神経をしているの？　うそ涙をみせるのはもうおやめ！　悪党なら悪党らしくしてやったりと晴れ晴れした顔をみせればいいじゃないの。おまえの流すその涙と実際にやってのけたことは、全然食い違っているじゃないの！

やがて自分で自分の言葉に興奮したのか（ありがちなことですが）、ヤショーダラーの舌鋒はますます鋭くなってゆく。彼女は目の前に縮こまる従僕に痛烈な皮肉の石つぶてを投げつけます。

主人にだれよりも忠実で心やさしく善良そのものの顔つきをしていたおまえ！　そのおまえの手引きで、わたしの主人は二度と戻らなくなってしまった。おめでたい話じゃないの。さあ、喜びなさいよ。おまえの苦労は、いまこの瞬間にしっかり実ったのだから！

まったく、人間にとっては、愚かで信用できない味方よりも聡明な敵の方がよほどましというもの。なにしろ、臆面もなく味方面をさげたおまえのおかげで、この王家には大きな災いがもたらされてしまったのだから

☞3
「王家にもたらされた災い」という言葉は、ブッダという跡取りを失ったシャカ国の暗い未来を示唆して、スッドーダナ国王の深い悲嘆とともにのちに大きな意味をもつことになります。

ね！☞3

この出来の悪い愚にもつかぬ味方よりも聡明な敵の方が役に立つというのは面白い表現ですが、あるいは当時の人々が普通に口にしていた決まり文句でしょうか？ただ、ヤショーダラーの容赦のない糾弾は、このあとチャンナの連れて帰った馬のカンタカにまでおよぶことになります。彼女はチャンナの横にひかえるカンタカに叫びます。

この馬めが！　おまえも、どこからみても、わたしによくない仕打ちをした。わたしが赤ん坊と寝ている夜更けに、まるで宝石泥棒のように主人を連れ去ったのだからね！　そしてそんなむかつくようなしわざをしてのけながら、いままた平然と王宮のすみずみにまで響くような澄ました声でいなないてみせる！　主人を連れ去ったときは口のきけない駄馬のようにウンともスンともいわなかったくせに！もしおまえがあのとききちんと鳴いてくれさえすれば、わたしは金輪際不幸のどん底に落ちずにすんだはずなのに！

どーしてくれんのよ
ちょっとッ
信じらんないッ!
わたしたち
どーすんのよ!

カンタカとすればこれまた指示されるままに飼い主をのせていっただけなわけで、とんだ災難というべきですが、本当にヤショーダラーが馬にまで八つ当たりを演じることになったのか、「修羅場」の実際がどんなものだったかはわかりません。あるいは、「**王妃はブッダの従僕を罵っただけでは腹の虫がおさまらず、馬まで罵ったんだってさ！**」という伝説が修行者の間に、**ひそひそ話**として長く伝わっており、アシュヴァゴーシャがそれを下敷きにした。つまりあながち創作ではなかった可能性もあるわけですが☞4。

夫は冷酷――「ああ、こんな可愛いわが子を捨てるなんて！」

いずれにせよ――父親のスッドーダナであれ妻のヤショーダラーであれ――「世俗の中の世俗」に生きる「**無理解な家族たち**」**vs**「**世俗を捨てた高貴な魂の持ち主ブッダ**」というのはブッダの神格化以降の経典がどうしてもこだわりたかった図式で、「馬への八つ当たり」という（真偽不明の）逸話は、のちの仏弟子たちにとって格好の材料になったおもむきがあります。

アシュヴァゴーシャの「仏伝」もその点を念頭において読む必要があるのですが、

☞4 『ブッダ・チャリタ』には「善業を共に積む妻のわたしを投げ捨て身寄りのない女にするような男にどんな功徳があるものか！」というすごいセリフもでてきます。

ただ、ブッダとヤショーダラーの夫婦仲が壊れていたのが事実らしいと思われることはまえにのべました。

そしてそれをふまえてあらためて眺めるならば、アシュヴァゴーシャの物語には、一つの注目すべき場面がでてくる。

それは、動転のあまり従僕や馬に呪いの言葉をぶちまけた王妃ヤショーダラーがそのあとつぎのようにのべる場面です。

ああ、このあわれなわが子ラーフラが、いつの日にか、実の父親の膝のうえで遊ぶ日がやってくるだろうか？　それにしても、こんなに可愛いいたいけなわが子を捨て去るなんて。あの人の心はどこまで残忍で冷酷にできあがっているのだろう！

こう嘆いたヤショーダラーは、それから我に返ったようにふと独り言をつぶやくのです。

……でも、まあ、わたしもわたしだ。……夫が身一つでて行きながら、わたしの心臓はもはやビクともしないのだから。……それは冷酷で、まるで石か鉄でできているようだわ。

なんとなくギョッとさせられる台詞ですが、ここへきて沸騰していたこの場の雰囲気は一挙に冷え冷えとしたものになる。もちろん、ここに妻としての冷酷さを印象づけるための作者アシュヴァゴーシャの意図を読み取ることは可能ですが、同時に、すでに決定的なところで「破綻」していたブッダとヤショーダラーの、**夫婦関係の真相**つまり裸の仏教の舞台裏をそれとなく後世の読者に伝えようとした文章のようにもわたしには思えます。

「仏伝文学」の名手アシュヴァゴーシャは、ヤショーダラーの狂乱のありさまをつぶさに描きながらその「悲痛さ」を大仰な言い回しで熱心に語ります。ですが、さきにのべたように、その言い回しの底にはブッダの教えに生きる者たちがその妻に注ぐ冷然と見下す視線が見え隠れすることは否めないようです。

この日、夫の出奔を知ったヤショーダラーは、わが子ラーフラが父親と会えるときがくるのかと自問しました。このときの彼女にはそんな日が実際にこようとはおそらく信じられなかったでしょう。しかし、ブッダの言葉通り、十二年たったある日、その瞬間は、**思いもかけない形**でおとずれることになります。そしてヤショーダラーは、ほかならぬ夫からこんどはラーフラをめぐって全く予想もしなかった仕打ちをうけるばかりでなく、別の経典の語り手たちによって、これも未来の読み手を意識した、仏教文学独特の、**「リアリズムの法廷」**に引き出されることになるのです。

では、ブッダはその十二年の間、一体どこで何をしていたのでしょうか？　また、その間にこの内気な王子はどのような変貌をとげていたのでしょうか？

コラム

インド仏教へのアンチテーゼ——僧侶も結婚する国・日本

妻子を捨てるのはむごい仕打ちです。
が、妻をはじめとする女性との性的な交わりは仏教の出家者において厳しく禁じられました。
その例外となったのが日本の僧侶です。日本では平安末期から僧侶が妻や妾をもってもだれも怪しまなくなった。そんなわけで、TVの時代劇が織田信長の比叡山焼き討ちをあつかうときは、お坊さんと寝間着姿の女性が仲良く猛火のなかを逃げまどうのが「お約束」場面の一つになるわけですが、ほかに稚児《ちご》という存在も忘れるわけにはいきません。

稚児（童子《どうじ》ともいう）は寺で仏教を学ぶ少年の僧で、日頃は仏に香花をそなえ、師に仕えて食事の世話をし、歌を詠み、琵琶や琴を弾き、可愛い舞を演じて楽しませた。姿かたちも、長くつややかな黒髪をたらし、お化粧をこらし、眉はきれいに剃って八の字型、お歯黒をしたうえ、水干《すいかん》を着ながら小袖も身につけるなど女性そのものでした。

そして夜は師との同衾、男色の相手です。鎌倉時代の寺では師僧に犯されて初めて稚児としての資格を得る「稚児灌頂《かんじょう》」と呼ばれる儀式まであリました。東大寺の宗性というお坊さんなど、三十六歳の時点で、自分は九十五人と男色をおこなってきたが、「百人以上とはもういたしません」と起請文《きしょうもん》（誓文）のなかで誓っているほどです。

男色は女犯とならんで日本の僧侶の立派な文化となっていたわけですが、それでも多数派は妻や妾を「終生の伴侶」としてもつ方を選んだようです。

日本の僧侶の妻帯問題で面白いのは、「なぜそうしてよいのか」という理屈づけが一切なされず、いわばうやむやのうちに一般化したという事実です。僧侶が結婚する仏教国はいまでも日本以外にほとんどなく、その歴史的な理由については研究書が何冊もでていますが、これといった定説はありません。

妻帯を公然と実践した最初の宗祖は浄土真宗を開いた親鸞でしたが、明治以後は政府によってこの僧侶の結婚の風習が正式に追認されることになった。つまり親鸞のスタイルが国家公認のものとなったわけですが、その浄土真宗に日中戦争中、植木徹誠という硬骨漢の反戦僧がいました。

コミックバンド「クレージー・キャッツ」の人気コメディアンだった植木等の父上にあたる人です。この徹誠が、一九六一年に息子の等がヒットさせた『スーダラ節』の歌詞のある文句にひどく感心した。

「分かっちゃいるけど、やめられねぇ」というのがその文句で、植木等によると、「これは坊主でありながら妻子をもってしまった親鸞聖人の精神そのものだ」というのが徹誠の説明だったそうです。ユニークな説明で、言われてみればそんな気もしてきますが、それだけでいいのかという感想もわきます。

わたしとしては、日本で僧侶の妻帯をうながしたのは、「たとえ聖職者であれ妻子をもたないまま人生を終えるのは不自然だ」と考える昔の日本人の「自然」観だったのではないかと思っていますが、いまのところ少数意見に属します。

ただ、その一方で、日本仏教がインド仏教の「出家至上主義」へのアンチテーゼとして強烈な個性を発揮してきたことは事実。親鸞が唱えた「非僧非俗」というスローガンにもそうした矜持の一端がこめられている気がします。

第四章

「悟ってはみたけれど」

――修行者ブッダの大いなる挑戦の日々

「悟りの大義」に萌えるブッダ

ブッダが出家したのは二十九歳のときでした。かれは妻と乳飲み子だったわが子を捨てて家を飛び出しました。飛び出すことで、生まれて初めて自分自身の手で人生を切り開こうとした。そしてそれは文字通り、仏教の幕開けの現場ともなりました。

ただ、庶民の家出とちがって、ブッダの場合、それはただちに「次期国王」の座を投げ打つことを意味したわけですが、そうした大きすぎる（とわれわれには思える）代償も、ブッダのなかではもはや考慮に値しない、とるにたらない些事としてしかうけとめられていませんでした。

かれを駆り立てたのは、とにかく塵埃にまみれた世俗を離れ、束縛から自分を解放したいという情熱――成人する前からことあるごとに樹の下で坐禅を組んでは瞑想にふけったのもそのためでした☞1。

要するに、ブッダは、**一切のしがらみ**を捨てて、一日の時間を好きなように使う、朝から晩まで、「**坐《ざ》禅《ぜん》三昧《ざんまい》**」の自由な生活を送りたいというある意味でぜいたくな願いにとり憑かれ、その願いをかなえるためにともかくも不可欠な行動、家出を実行にうつしたというわけです。

☞1 瞑想とはヨーガのこと。心の滅却をめざすものでしたが、インド人はのちに図像化されたイメージに基づいて心の作用を活性化させる「ハタヨーガ」を発達させます。今日われわれが親しむヨーガの大半は後者の流れをくむものです。

このときのブッダの選択が残されたゴータマ家の家族、家臣、さらにシャカ国の王家をあおぐ一般庶民の目に自分勝手なふるまいにしか映らなかったことはいうまでもありません。が、ブッダはもはや意に介す気もなかったでしょう。

なぜなら、このときのかれにはだれにもケチをつけてもらいたくないもの、そう、**悟りの大義**なるものがあったからです。では、その「悟りの大義」とはいったい何だったのでしょうか？　いや、かれが萌えた「悟り」なるものは本当は何だったのでしょうか？

これは「仏教の真実」をみるうえでのキモ中のキモともいうべき問題ですが、本章で皆さんと一緒に考えたいのはそのことについてです。

まず、「悟り」とは一人の人間がおこなう、**具体的な行為**です。とするならば、単に抽象的に語っても意味はありません。ましてやそれが「悟り」の開発者であるブッダが仏教の創始者として実践したものであればなおさらのことです。

そこで、あらためて、ブッダにとって「悟りの大義」とは何であったか？

結論から先にいえば、それは、**生も死ももはやどうでもよい境地**を手にすることでした。

一人の人間が老いや病、死への不安という人生につきものの「苦」、あるいは煩悩から一切解き放たれて、精神の安息の境地を得ること——あえて説明的にいえば、こんなふうになるでしょうか。

ちなみに、現在市販されている仏教英語辞典でこの「悟り」の項目を引くと、**awakening** すなわち「目覚め」とでてくる。そう、ブッダの出奔は、人生を賭けたこの、**「目覚め」への旅立ち**を意味しました。

そしてそれは変貌を重ねてゆく仏教の、紆余曲折に満ちた長い歴史への旅立ちでもあったわけです。

「ゆるぎない安息」をめざして

ブッダは妻のヤショーダラーと生まれたばかりのわが子ラーフラを捨てて家出した。国を出るや従僕を宮殿に返して遠方へと立ち去ったと書きましたが、それからの足取りの詳細は必ずしもはっきりしません。

ただ、一つだけ確かなのは、かれが故郷を離れたその足で未知の地である南方へ急ぎ、当時インドで勢力を誇った大国中の大国、**マガダ国**にたどり着いたらしいということです。

マガダ国というのは、ヒマラヤの麓に近いインド北辺のシャカ国から五百キロほど離れた、ガンジス河を渡った南側一帯に覇権的地位を築きあげた強大国で、首都は、**ラージャガハ**※といいました。これは漢訳経典による、**王舎城**《おうしゃじょう》という名で昔の日本人には親しまれてきた都です。

そして、この一世一代の出奔、「出家」後のブッダを語るいくつかの経典を総合すると、ブッダの「目覚め」を得るための旅は結局六年間におよぶことになった、とされています。

とはいうものの、故郷の人々の目をかいくぐって荒野に飛び出したかれが、この六年の間どこで何をしていたかについては、実際のところ伝説の厚いヴェールに包まれており、はっきりしません。

さきほど、ブッダが「瞑想の修行」を欲したと書きました。瞑想とは一言でいえば、**雑念にわずらわされずに自己の内面を凝視する行為**ですが、この行為自体はかれの発明品ではありません。

それどころか、それはブッダの登場以前からインドで長い歴史をもち、有名な瞑想家を輩出していた。

ブッダの生まれた頃、空前の「出家」ブームがインドの知識人社会を覆っていたこ

※ラージャガハ
当時の国王はビンビサーラ王。伝統的なヒンドゥー教に飽き足らず、その先進的で闊達な国風に憧れた多くの知識人がラージャガハをめざした。

とはまえにふれました。

そこにはあらゆる出家者が憧れの目を向ける「スター的な瞑想家」が何人も誕生し、活躍していたようです。

経典によると、ブッダはそうした世間で名の通っていた何人かの瞑想の師につき、人並み以上に激しい修行にはげんだらしい。

ちなみに、このスター瞑想家たちを中国人は後年、「**仙人**」というなんだか道教をほうふつとさせる名を用いて漢訳経典にのせることになりました。

ただ、仏教の経典はその性格上基本的に「教え」を説くもので、歴史書ではありません。そんなわけで、よくいわれる、**5W1H**（いつ、どこで、だれが、何をなぜどのようにしたか）についての厳密な記述にはそもそも関心を持たないのが普通です。目的はあくまで読み手の教化にあるからです。

そこで仏教誕生時の姿を探るわれわれとしては、経典の断片的な記述や行間のメッセージを手がかりに、伝説の網目から透けてみえる「悟り以前のブッダ」（ブッダになる以前のブッダ）を推測するほかはないわけですが、一つだけハッキリしていることがある。

それは、ブッダがこの六年間、つまり三十五歳になるまでの間についに、**生も死も**

どうでもいい境地の獲得に成功したということです。

これまでのべてきたように、この頃のブッダは、いかにして生につきものの不安、すなわち仏教用語にいう、「**苦**」から解放され、ぶれない心の安息を得るかで頭がいっぱいだった。

そう、**ゆるぎのない心の安息**――これが当時のブッダにとってはすべてでした。

何しろ、かれは思春期の頃から「**人間は病み、老いて、死んでゆく**」つまり、「無常」であることへの不安にさいなまれていたし、しかもそれは、樹下の静かな坐禅瞑想がもたらしてくれるつかのまの安らぎでは癒されないものでした。

もっとも、このように「自分のことで頭がいっぱい」だったブッダが初期の仏教にもちこんだ、「**内向き志向**」の遺産は、やがて大乗《だいじょう》仏教※による挑戦という形で、かれの死から数百年後に歴史的清算を迫られ、日本仏教もその流れの先に生まれることになるのですが、それはこのときのブッダにはあずかり知らぬ話――ここでは、ブッダ生前時の仏教をあつかう本書の目的に沿って、出家後のブッダがどこで何をしていたかという本題の方に話をもどすことにしましょう。

※**大乗仏教**
紀元前後におきた革新派の仏教。「大乗」は「人々を救う大きな乗り物」の意。のちにヒマラヤの北側の東アジアに広まり、定着した。

「悟り」とは「目覚めること」です

「悟り」が目覚め（awakening）を意味することはまえにふれました。その際に記した「ゆるぎない心の安息」、これがブッダが求めてきたものだったわけですが、『マッジマ・ニカーヤ※』という古い経典集ではこの安息の境地に、**ニッバーナ（ニルヴァーナ）**すなわち、**涅槃**《ねはん》という言葉をあてています。

要するに、「悟り」とはこの「苦」の完全に取り除かれた「涅槃」と呼ばれる「不動の安息」の境地を得ることです。この次元を得るには瞑想による極度の精神集中に入ることが必要になる。

この精神集中の達成された状態のことを仏教では、**解脱**《げだつ》あるいは、**三昧**《さんまい》と伝統的に呼んできました。

これが、「絶対の心の安息」の境地としての「悟り」の前提になるものであり、「悟り」は「解脱」ないし「三昧」の獲得ぬきには手に入れられないということになります。

そんなわけで、修行の道に入った者は何はさておき「瞑想」の腕をあげることに熱中することになったわけです。

※マッジマ・ニカーヤ
『中部経典』。「マッジマ」は「中くらいの」の意味。中規模の古い経典を集めている。

では、我らがブッダは具体的に何をしたのか？　さきほどのべたように出家後しばらくのかれの行動の詳細ははっきりしませんが、一つだけわかっているのは、出家をはたした後のある時点で、ひたすら瞑想の、「**質**」を追い求めたブッダが一転して、それまで手に染めた瞑想にはない、「**強度**」を求める路線へ鞍替えしてしまい、**苦行林**《くぎょうりん》と呼ばれる森のなかの集団へ身を投じたということです。

苦行林は、ブッダが家出後最初にたどり着いたマガダ国の首都の南西、ウルヴェーラー※という土地を流れるネーランジャラー河の近くにありました。

そこには苦行の世界を志す人間が多く集まっていて、ブッダもその仲間の一人に加わった。「苦行林」というのは地名であると同時に、**苦行者の集団**もあわせて意味していました。そこは熱気あふれる場で、**苦行という劇薬**を求める出家者たちが数多く入りこんでいました。

このときブッダがどのような苦行に熱中したか、それを示すのが初期経典中のブッダの回想ですが、ここで、当時苦行者たちの間でおこなわれていた苦行のリストの一部を紹介しておきましょう。

経典によると、そこにはおそらく人間が考え得るあらゆる「難行」がふくまれていました。

※ウルヴェーラー
「砂地の広がる地」の意味。ネーランジャラー河は白い砂地をもつ流れで、現存する。

たとえば、つぎのようなものです。

①断食行
②一日中全裸で過ごす修行
③一日中立ったままで暮らす修行
④一日中、這ったりしゃがんだままの姿勢で動き回る修行
⑤一日中、針のムシロの上で過ごす修行☞2
⑥頭髪や髭などの体毛を抜く修行
⑦孤独になる修行
⑧一切の呼吸を止めて過ごす修行
⑨墓場で死体と過ごす修行

『マッジマ・ニカーヤ』

「劇薬」としての苦行におぼれる

ブッダ自身の回想として伝えられているものによれば、かれはこれらのすべてに挑戦したといいます。このうち、呼吸を止める修行については「すさ

☞2
日本では「針のムシロに座らされる」は比喩ですが、古代インドではほんとに座っていました。

まじい頭痛に襲われた」とふりかえっていますが、断食行にいそしんだ結果については、その消耗ぶりをつぎのようにふりかえったものです。

> （断食の結果）わたしの手足は蔓の節のように、わたしの尻はラクダの脚のように痩せ細り、肋骨は廃棄された垂木が折れ曲がっているようになった。わたしが腹の皮にさわろうとすると背骨に指があたり、背骨にさわろうとすると腹の皮に指があたった。わたしの腹の皮は背中の裏側に密着するほどになった。それでもわたしが（わずかに食べた）豆汁のせいで大小便をしようとすると、その場で前かがみになり倒れてしまった。

この「断食修行中のブッダ」の姿は、のちにリアリズムの傾向を特色とするガンダーラ地方※の仏教美術にまたとない素材を提供しました。当時の手練の彫刻家が作成した骨と皮だけになり果てて目だけギョロつかせるブッダを模した仏像は、パキスタンのラホール博物館※の所蔵品として有名なものになっています。

また、ブッダは「**孤独をきわめる修行**」にはげんだときの思い出についても語っています。これは、「**遠《おん》離《り》行《ぎょう》**」とも呼ばれる苦行法の一つで、集団を離れてたった一人

※ガンダーラ地方
ほぼ現在のパキスタンの北部。中部インドのマトゥラーとともに仏像発生の地。仏教はここからシルクロードをへて中国に伝わった。

※ラホール博物館
ラホールはパキスタン北東部のインド国境沿いの都市。「愛馬カンタカとの別れ」「御者と愛馬の帰城」などのレリーフも所蔵。

何日も森の奥にこもって過ごす修行ですが、徹底して一人でいるためには、猟師や旅人の足音の近づく気配がすれば、ただちに逃げださねばならない。

当時のインドの出家者たちが共通してもっていた「世俗嫌い」（世俗恐怖症）を絵に描いたように象徴する修行だったといえます。

これも『マッジマ・ニカーヤ』の伝えるブッダの回想によると、

わたしは森のなかにわけ入って暮らした。そこへ牛飼いやきこりや薪をとる者があらわれると、かれらがわたしを見ないように、わたしもかれらを見ないように、林から林へ、草叢から草叢へと逃げていったものだ。それが遠離行だったからだ。（あるとき）近くの牛舎の中へ、牛たちと牛飼いがいなくなるのをみはからって、わたしは四つ這いになって忍びこんだ。そこにある牛糞を食べたし、自分の体から糞尿がでる間は、その糞尿も食べた。

ブッダ、苦行生活でぼろぼろになる

またこのほかに、**人気のない墓場**で過ごすのも重要な修行の一つでした。墓場といっても、今日の日本のそれとはちがって、町はずれの林のなかに死体を投げ捨てただけの死体棄て場で、漢訳の経典ではこれを、**寒林**《かんりん》※などと呼んでいます。死体はハゲタカやジャッカル、野鼠や野犬などがえさとしてきれいに片づけてくれることになるわけで、合理的といえば合理的なやり方です。

苦行者の自己認識としては「精神の高貴さ」を求めてこれら過激な行に骨身を削っているわけですが、世俗に生きる普通の人々からみればただのヘンな人です。

これについては、ブッダのつぎのような思い出話が経典にでてきます。

わたしは墓場に入り、散らばっている骸骨を枕にして眠りをとっていた。すると、それを見つけた牛飼いの子供たちが近づき、ツバを吐いたり、放尿したり、汚物をなげたり、耳の穴に棒をさしこんだりした。

ブッダは、これらの子供を非難していません。むしろそれも苦行者として当然受け入れるべき修行の一つくらいに考えていたような口吻をもらしています。

このような苦行の期間がどれほどの間続いたか、それについては明らかでありません。が、何事にもびくともしない境地を欲するブッダが心身をさいなむ苦行の過激さ

※**寒林**
「背筋が凍るような場所だから」が命名の由来。他に火葬・水葬・土葬もあった。

にとり憑かれた以上、かなりの時間、六年間のうちの相当期間におよんだとものと推定されています。

そして、そのみずからの心身を切り苛む毎日のなかで、やがてブッダにみえてきたものがありました。それは自身がめざす「ゆるぎない安息」がいっこうに得られないというみるも無残な現実でした。

そうした認識がいつどんな風に得られたかははっきりしません。じょじょにゆっくりと募ってきたのか、あるいはある日突然ブッダを襲ったのか。

いずれにせよ、ブッダがそうした過酷な苦行の日々の果てにたどり着いた感慨を伝えるのが、これまで何度かとりあげた『ジャータカ』が伝える、あまりに有名なつぎの言葉です。

まるで空中に結び目をつくろうとするような歳月だった。

こうして、ブッダは苦行をも懐疑することになります。このときブッダはおそらく底知れない空しさの底にいたのでしょう。六年前、かれはそれまで得ていたすべてを捨てて故郷を飛びだした。そのときかれにあったのは瞑想修行への狂おしい情熱だけ

……
苦行する自分に酔ってる様で
シラケる……
エイサ
エイサ
イチチ
イチチ

でした。

が、それはブッダの飢えを満たさず、それどころか「腹の皮が背中の皮にくっつくような」常軌を逸した苦行へとブッダを追いこんでしまった。そのあげく気がつけば、かれの手元に残ったのはこの、**苦行への懐疑**だけでした☞3。

いまや空っぽになったブッダは苦行林にとどまる意味を感じませんでした。かれは仲間の目を逃れるようにある日森をぬけでます。どこに行くあてとてもはやありませんでした。故郷はとうの昔に捨てていました。ブッダはすべてを失いました。

ただ、もし仏教の神がいるというのなら、かれはブッダを見放さなかったようです。なぜなら、ブッダがこうしてすべてを失ったまさに瞬間、意外にもそれは本当の目覚めの扉へとかれを導くことになったからです。

人間万事塞翁が馬

すでにおわかりのことと思いますが、仏教が除去をめざす「苦」とは肉体的な苦痛を意味するものではありません。実際、もしそれが肉体的な苦痛だというならば、そもそもブッダは心身を痛め尽くす苦行などには初めから関

☞3
苦行否定はブッダ以来の伝統です。ただし、ブッダの死後は、厳しい修行を怠ける口実に使われる傾向も生じたようです。

心をしめさなかったでしょう。ブッダが考える「苦」、それは――くりかえしになりますが――生きていればだれもが抱く老いや病、死、つまり「生にまつわる不安」のことでした。

だからこそブッダはそうした解消不可能にも思えた不安からの自由と解放を欲して出家をし、瞑想の強度を欲して苦行にもはげんでみた。みはしたものの、結局徒労感のみに報いられることになった――これが前節までのいきさつでした。

いまからのべるのはそのあと起きたことについてですが、ブッダはそこで中国の古いことわざにいう、「**人間万事塞翁が馬**」を地でゆく思わぬ人生の転換点をむかえることになります。このあたり、経典の作成者にとってはまさに腕によりをかける場面の連続となるわけで、開祖ブッダの人生のハイライトですから、無理もない話ですが、そのぶん文学的な粉飾も目立つことになります。

二十九歳で出家の道に入って六年ほどたったある日、ブッダは疲れ切った体をひきずって、住み慣れた「苦行林」をあとにしました。おそらくこの頃には王子時代の面影はみるかげもなく、昔のかれを知る人がすれ違ってもどこかの見知らぬ物乞いか何かかと思ったかもしれない。

このときのブッダは、だれがみても、**挫折した乞食修行者**の群れの一人にすぎませんでした。我らがブッダはまさに、**みじめさのどん底**にいたにちがいありません。

経典の記述によると、このあとブッダはどうやら近くの村里に入りこんだようです。

そこで出会ったスジャータという名の親切な村娘からミルク粥をめぐんでもらい蘇生したという出来事は、仏教徒にはおなじみの有名な逸話になっています☞4。

そういえば、以前バス停にいると目の前の道を、**褐色の恋人スジャータ**と記した食品会社のトラックが通り過ぎたことがありました。

ひょっとして会社の経営者か誰かに仏教のファンの方がいたのかもしれませんが、日本ではスジャータは乳製品などに使われる名になっています。ミルク粥は当時のインドの庶民のごくありふれた食べ物ですが、最近の研究によるとスジャータは実在せず、ブッダが村人から粥をもらったのも本当は「悟り」を得たあとの出来事だったという話もあり、なんだかガッカリですが、現実はそんなものかもしれません。

ただ、ブッダの「出家」を語る前出の経典『ジャータカ』の序文によると、村で食べ物を乞うているブッダをみて、苦行林の仲間たちはすっかり失望し、「**あの男はぜいたくになり、堕落した**」と言って立ち去っていってしまったとあり、これはどうやら事実のようです。

実際、当時苦行林にこもったのはブッダ一人ではなく、かれには志を同じ

☞4
スジャータは「尊い生まれの者」の意味。前出の日本映画『釈迦』では大映の看板女優だった京マチ子さんがブッダを助ける美しすぎる村娘ヤサを演じました。

くする大勢の仲間がいました。あるいは王子の座をなげうつまでして家を飛び出したブッダへの期待の大きさの裏返しかもしれませんが、ブッダはこの時点で大事な仲間からも完全にサジをなげられていたことになります。これは仏教誕生の現場に横たわる寒々しい現実を伝えてくれる面白い話の一つです。

経典によると、このあとブッダは近くにあるネーランジャラー河の沐浴場《もくよく》（水浴場）で沐浴を楽しんだとあります。

ちょうど時刻は夕闇がしだいに迫る頃でした。ブッダは洗い浄めた体を河のほとりに生える一本のアシヴァッタ樹（菩提樹《ぼだいじゅ》）※の木陰へ運びました。ブッダはもはや一人でした。

神はブッダを見捨てず——ついに念願の悟りへ

やがて黄昏どきのそよ風が吹きはじめ、あたりは薄暗くなりました。このときブッダがおこなっていたのは、何年も前、苦行の道に入ると同時に捨てたあの瞑想でした。

その変化がいつどのように起きたかははっきりしません。

いずれにせよ、それは苦行直後の病的なほどに尖鋭化した精神状態に発生した「三

※**アシヴァッタ樹（菩提樹）**
クワ科の常緑樹。その足元でブッダが「菩提」（悟り）を開いたことからこの名になった。

味」の境地のなかで、**一瞬の「直覚」**つまり体験的な直観としてブッダを襲ったと思われます。わかっているのは、その只中でブッダが、**生も死もどうでもよくなった**というかつてない感触を生まれて初めて手にすることができたということ。そして、こうした直観のさなかに、**「苦」から解放された自分**をいまやゆるぎないものとして感じとり、確信することができた、ということです☞**5**。

どうでしょうか？　なんだこんな簡単なことなのかと思う人もいれば、逆にそうは思わないという人もいるかもしれない。

いずれにせよ、この確信こそが言葉の正しい意味での、**「ブッダ」の誕生**を意味することになります。

「ブッダ」とは「目覚めた人」という意味で当時の「聖人」をさす呼称です。

いま、「言葉の正しい意味での」と奥歯にもののはさまったような言い方をしましたが、ゴータマ家の王子をブッダと呼んでいいのは本来、三十五歳のこの日以後のこと。いままでわたしがしてきたようにそれ以前のかれをそう呼ぶのは本当は変なのです。

ただ、問題はかれの王子時代の名前がはっきりしないことで、現在多くの研究者が用いるシッダールタという名にしても、あいにく経典に登場するの

☞**5**
生老病死、つまり「四苦」に「愛別離苦」（愛する者と別れる苦）、「怨憎会苦」（憎む者と出会う苦）、「求不得苦」（求めて得られない苦）、「五陰盛苦」を加えて「八苦」と呼びます。日本語の四苦八苦の語源ですが、「五陰盛苦」は「一切の苦」の総称ですので、実際は七苦です。「苦」がこのような内容に整理されたのはブッダの死後かなりのちのことです。

はかなり後のことで、ごく古い経典にはでてきません。

わたしも最初は「ゴータマ家の王子」で通すかとか古い経典が伝える当時の使われ方の語感から「ゴータマ先生」はどうかとかいろいろ考えてはみましたが（ゴータマと呼び捨てするのも何だか妙ですよね？）、結局、今日のわれわれが聞き慣れてほとんど固有名詞化しているブッダの名をとることにしました。したがって、これはあくまで便宜的な呼び方であることをご理解ください。

「生も死もどうでもよくなった」ブッダ

ところで、ブッダが年少の頃から老いや病について思いをこらすのを好んだこと、一人樹の下で坐禅をすることを習慣とする「内向的な」性格の持ち主だったことはすでにのべました。

加えて、かれは人間嫌いの主でもありました。その人間嫌いが昂じて家来はおろか家族たちを捨てる旅に身を投じて果てに、「悟り」を得るわけですが、ここに面白い話が伝わっています。

それは、ブッダが待ち望んだ悟りを得た直後に、その体験を他人に理解してもらえるかどうかまるで自信がもてず、一種のメランコリー状態、**引きこもりの心理状態**におちいってしまった。つまり、真理に目覚めたとたん、その真理の伝達という使命の可能性に懐疑的になってしまったという興味深い話です。

『サンユッタ・ニカーヤ※』という古い経典集は、その際のブッダの心境をつぎのように記しています。

わたしの悟ったこの真理は見がたく、思考をこえて、賢者のみがつかむことができる。ところが世間の人間は執着を楽しんでおり、しかも嬉しがっている。かれらにはすべての執着を捨てること、とらわれの消失、究極の安らぎ（ニッバーナ）の真理など見ることはできないだろう。仮にわたしがこの真理について説いたところで、もし彼らが理解しなければ、消耗が残るだけだ。悩みがふえるのがおちだ。

——このような考えが心をとらえるうちに、師は「何もしたくない」という気持ちに心が傾いて、もはや説法などしようとは思わなくなった。

まさに「人間嫌い」の面目躍如といったところですが、ここでは、ブッダによる偉大な「悟り」の教えは、そのみかけのはなばなしさとは裏腹に、実際にはこのような、

サンユッタ・ニカーヤ
『相応部経典』。「サンユッタ」は「結びつけられた」、「ニカーヤ」は「集まり」。「主題ごとに結びつけられた経典」の意味。全部で二千八百七十五の短い経典をのせる。

当事者本人の倦怠というなんともはや、**沈滞した現場の雰囲気**のなかで発足したものだったということに注意してください。

ちなみにブッダのこの「成道」について、研究書などで説明される場合は、やたらにむずかしい言葉で説明されるのが常です。そこには、仏教のその後の長い変貌の果てに発生した、**精緻化症候群**とわたしがよく呼ぶ現象があずかっています。

実際、ブッダの死後、初期の仏教徒たちが自身が開発した高度に複雑化した瞑想法（ヴィパッサナー瞑想などと呼ばれます）をその歴史的・地域的な後継者たちが「開祖ブッダの瞑想法」であると主張してきたことなどは、成道の中身を必要以上にわかりにくくし、われわれを平明な理解から遠ざけた最たる原因の一つでしょう☞6。

また、さきほどみたように、ブッダは「成道」の際に苦行明けの異常な心理のなかで圧倒的な awakening、「目覚め」の体験を得るわけですが、ここは「目覚め」と呼んですませればよいところを、「**決定的で明白な実存心理上の転換**」と言ったり、「生も死もどうでもよくなる境地」を、「**生死を超越した無比無上の境地**」などと称したりします。

もちろんこれはこれでいいのですが、いたずらに人を遠ざける言い方なのではとい

☞6
初期の仏教とは、ここでは大乗仏教以前に成立した仏教のことです。大乗仏教徒はそれを「小乗仏教」と呼びましたが、差別的との理由で今では「テーラワーダ仏教」（長老派の仏教）を使います。スリランカや東南アジアに広がり、定着しました。

う気もします（もっとも、わたし自身、過去に似たようなことを書いてきたので、どうみても大口を叩けませんが）。

そんなわけで、ブッダの「成道」時の心理について頭でっかちにむずかしく考える必要はありません。

このときブッダのおこなった瞑想を古い俗語方言で、**ジャーナ**といい、これはのちの中国人の手で**禅定**《ぜんじょう》※と訳されることになります。

これでわかる通り、禅宗の坐禅はブッダの時代の瞑想法の真髄をよく伝えるものですが、日本の禅宗（曹洞《そうとう》宗）に、瑩山《けいざん》禅師※という鎌倉時代に活躍した有名なお坊さんがいました。

この禅師は『坐《ざ》禅用心記《ぜんようじんき》』という坐禅をするときの心がまえを記した指南書を著わしています。

いささか言い回しがむずかしくなりますが、そのなかにつぎのような有名な言葉が登場します。

乾坤（けんこん）を坐断して、全身独露す。没量（もつりょう）の大人（だいにん）は大死人のごとし。

※**禅定**
サンスクリット語ではディヤーナ。英訳ではmeditation.

※**瑩山禅師**
一二六八?～一三二五。宗祖の道元以来マイナーだった道場をのちの大教団に飛躍させる基礎をきずいた。

乾坤とは天地、すなわちわれわれの知覚する全世界を意味します。坐禅の瞑想のなか、三昧の境地に至れば、一切のとらわれから解放された瞑想者（＝没量の大人）は、大いなる死人のようになる。

一翳（いちえい）の眼に遮るなく……虚空ついに内外（ないげ）なし。

ここに至れば、世界は澄みわたり、瞑想者は「内」も「外」もなく透明な存在になって、世界そのものとなる。

——どうでしょうか？　ブッダの時代の瞑想者が体験した「三昧」の世界がじつに鮮やかに語られている気がしませんか？

三十五歳のブッダもまた同じような心理状態のなかで「世界」を観察し、「生も死もどうでもいい」という感触を揺るぎないものにしたのだと思われます。

さらに、時代は下りますが、江戸時代の至道無難《しどうぶなん》※というこちらは臨済《りんざい》宗の禅師には、つぎの歌があります。

生きながら死びととなりてなり果てて思いのままにするわざぞよき。

※至道無難
一六〇三〜一六七六。著作に『無難法語』。「男女は交わるものなり」という名言を残す。

この歌は説明する必要もないでしょう。「生きながら死びととなり果てる」というのは「生も死もどうでもよくなる」という境地を単刀直入に表現したものです。

わたしはこれを読んで「不気味な歌」といった人を知っていますが、不気味も何もこれは坐禅の下の「三昧」下の心理を忠実に語った言葉にほかなりません。

ブッダ自身の「成道」もまた、このような非常に特殊な心理の支配下のなかでおこなわれたものだったと思われます。

ただし、それはいいのですが、そうなると、ここで一つ問題になってくることがある。それはブッダの「悟り」が生みだす、**「生も死ももはやどうでもいい」**という心境になったブッダは、ではこのときなぜさっさと自殺しなかったのか？

考えてみるまでもなく、生をめぐる不安を解消するのにこれほどてっとり早い解決はないのではないか？　という疑問です。

この点について、たとえば、**ブッダは文字通り生も死も超越しきっていたので、あえて死を選ぶ行為自体へのとらわれからさえ解放されていたのだ**、などと説明されることがあります。が、あいにくと、これは答えになっていません。なぜなら「生も死もどうでもいい」という心境のなかではなぜあえて「死」ではなくて「生」の方の選択を行ったのか、という問題は、依然残ることになるからです。

「悟り」の後ブッダはなぜ死を選ばなかったのか？

そんなわけで、これに関しては色々とむずかしい理屈をこねる人もいるのですが、「ブッダの仏教」の率直な探求者のわれわれとしては、この点はもっと簡単に考えてよいのではないでしょうか。要するにブッダは三十五歳で人生を終えるのは気がすすまなかったのでしょう。

これだけ書くとなんだそんなことかと言われるかもしれませんが、そんなことだという気がします。

ちなみにこの問題については次の経典の記述が注意を引きます。

悟りを開いてブッダはその後七日間、菩提樹の下にとどまって心理を観察し、三昧の楽しみを味わいつづけた。

『ウダーナ※』

結局、ブッダはこのあと場所を変えて、さらに四週間も「三昧」、一切のとらわれから解放された「解脱」の楽しみに浸りつづけることになりますが、このときの「悟

※**ウダーナ**
漢訳名『自説経』。後世の弟子たちが仮託的に再構成したブッダの「悟り」の記述をふくむ。

り」の持つ素晴らしい解放感――それを支える「三昧」の楽しみは、やっとのことで手に入れた達成感とあいまってブッダにとってよほど手放せないものと感じられていたのでしょう。

ブッダは生き残ることになりました。そして仏教は出発しました。

なるほどブッダはこのあと、「**生も死もどうでもよくなる境地を目指せ**」と人々に説きました。

しかし、「**実際に生をやめよ**」とは説かなかった。かれの教えの重点はあくまで「三昧」を楽しみつつ「一切のとらわれからの解放」を呼吸しながら生きること、のちに日本の江戸時代の禅僧が言った、「**大死人**」**の境地**をもって生きぬくことにあったからです。ブッダにとって、「**生死を超える**」とは結局このことでした。

こうしてブッダは、ウルヴェーラーの田舎を離れ、インド各地をめぐる説法の旅へと向かうことになります。ここに経典が伝える、「**ブッダ四十五年の説法の旅**」、第二の人生のステージの幕が開きます。

そこに現われる裸のブッダはいかにもエネルギッシュで、あの悟りの直後の「説法などどうでもよくなった」状態からは想像もできない変化ですが、この転換については、あれほど「仏伝」を語るのに熱心な経典は沈黙しています。少なくとも、歯切れのよい説明とおぼしき記述はない。おそらく書きにくかったのでしょう。もっとも、そのかわりというべきか、初期の経典にはこんな記述が登場したりします。

ブッダが「このまま何もしたくない」と思ったのを見て、梵天《ぼんてん》は「このままでは世界は滅びる」と考え、ブッダの前に姿をあらわして合掌礼拝して「どうか見込みのある人に教えを説いてください」と懇願した。ブッダは二度断ったが、三度目にようやく受け入れ、説法をする決意をした。

『ヴィナヤピタカ』

右の「梵天」というのは、**ブラフマー神**といい、当時のインドの支配宗教、ヒンドゥー教の最高神です☞7。困ったときの神頼みという言葉がありますが、結局、都合が悪くなると頼られるのは神様です。

ブッダの死後、ブッダの神格化がすすんだこと、それが仏教誕生時の「現場の真実」を覆い隠したことはまえにのべました。「梵天」はいうまでもなく当時の、**ヒンドゥー教のスター神**の一つです。ちなみに、生前のブッダは「神」的なものへの崇拝には無

☞7 中国人はヒンドゥー教の「神」(デーヴァ)を「天」と訳しました。インドラ神(帝釈天)、クベーラ神(毘沙門天)、サラスヴァティー神(弁才天)。サラスヴァティー神は湖や河の女神のため、弁才天の祠は水辺にあります。

関心でした。ただ、マイナーな新興宗教だった仏教は、主流派のヒンドゥー教と火花を散らすライバル関係にありました。仏教徒が開祖ブッダをしだいに「神」あつかいしてゆく過程で、ヒンドゥー教の最高神がブッダに「合掌礼拝」して三度「懇願した」という神話の創造は、ブッダを「神」とあがめる経典の作成者たちにとって胸のつかえをおろす作業になったことは想像にかたくないところです。

「三昧」はあくまで個人的な楽しみです。この点、西洋の研究者は仏教を、**宗教的な「快楽主義」**と呼ぶことにためらいをみせません☞8。日本人の仏教の研究者の方が、**禁欲主義コンプレックス**がはたらくからか、そのことを積極的に認めたがらない。「三昧」の楽しみを味わいつつ他人に勧めるのも悪くはないとブッダは考えた、と書いてよいところを妙に歯切れが悪くなるのはこの辺に理由があるのかもしれません。

思い直して説法の旅へ

さて、ここで「はじめに」でふれておいた「経典」の問題になります。いままで何度も「経典」という言葉を使ってきましたが、一つ忘れてならないのは、ブッダの生きていた時代に「経典」なるものはそもそも存在しなかっ

☞8
十九世紀の哲学者ニーチェも仏教を「落日の輝きに満ちた」「疲労した人間の快楽主義」（『遺された断想』）と評しています。

たということです。

ただし、ここでいう「経典」とはわれわれが考える、**本の形で文字化された経典**、つまりお坊さんが法事などで読む経典のことです。

周知のように現在日本で用いられている仏教の経典はほとんどが漢文で書かれています。これは日本の坊さんが中国人の経典をそのまま輸入して使ってきたためですが、こうした書物形式の経典（書写経典）が出現したのは紀元前一世紀頃、ブッダが亡くなって四百年近くも後のことで、製本をめぐる当時の技術革新が背景にありました☞9。

インドから中国に仏教が伝わりだしたのは紀元後一世紀頃とされていますから、中国人はブッダの教えを初めから書写経典の形で輸入したことになります。

これは仏教関係者のあいだでときどきジョークとして口にされるのですが、以前何かの漫画でなんと、**ブッダが仏像を前に経典を開いて読みあげる**場面があったというのです。

ひょっとしたら都市伝説のたぐいかもしれませんが、これはキリスト教でいえば、**イエス・キリストが自分の十字架の磔像《はりつけぞう》のまえで自身の言葉が書かれた『福音書《ふくいんしょ》』**※**を開いて読む**のに等しい話です。

☞9
葬式でお坊さんが読む「お経」がチンプンカンプンなのは和訳されていないため。なぜ漢文のままにしたのかは謎とされています。結局聖なるBGMとして受け入れただけでは、という辛辣な見方も。

※**福音書**
新約聖書のうちイエスの生涯と教えをまとめたマタイ、マルコ、ルカ、ヨハネ福音書の四書を指す。

十字架の磔像も『福音書』も当然ながらイエス・キリストの姿や言行を伝えるためにその死後にできたものですが、同様に、仏像を作る習慣はブッダの頃にはなく、かれの死後数百年もたった頃「神格化」の結果として生まれたものでしたから、仏像を前に経典を読むブッダという場面がいかに、**シュールなしろもの**であるかがわかるでしょう。

ただし、もう一つつけくわえるならば、ブッダの生前時のインド仏教になかったのは書写経典であって、文字そのものではありません。文字ならばブッダの生まれる以前からあって、当時はターラ樹という木の葉を紙がわりに鉄筆で傷をつけて字を書いていたようです。

ただ、この頃のインド人の間には、**聖なる教えは文字にしてはならない**つまり、口から口へと音声でのみ伝えるべきだという考え方があり、ブッダの死後、その教えをまとめた「口伝の経典」がつぎつぎとまとめられることになりました。

ブッダの「悟り」はこの口伝経典をもとに、それぞれの教派を代表する僧侶たちによってさまざまな、「**学問的粉飾**」をほどこされることになるのですが、もちろん「悟り」の直後のブッダ本人には想像もできない後日談です。

「成道」の日を仏教誕生の記念日と書きましたが、われわれにとっての大事件は、ブッダが成道後の「おちこみ」から立ち直り、とにもかくにも自身の「発見」を他人に伝えようと歩きだしたことでした。

この日を境に、ブッダは、ウルヴェーラーの苦行林から村里へ、村里から見知らぬ国々へと旅立ちます。それはかれの四十五年の説法の旅の始まりでした。ただ、その旅は決して一直線のものでも平穏なものでもなかった。それは文字通り「内」と「外」の敵との絶えざる戦いの歴史になり、なることでブッダの人生をさらに劇的なものにするのです。

コラム

「色即是空」はブッダの言葉じゃなかった⁉

ブッダのめざした修行のゴールは「一切のとらわれからの解放」の境地でした。

大乗仏教は、ブッダの死後、経典の重箱の隅をつつくような「精緻化症候群」におちいった仏教の低迷を打破するために生まれた革新派の仏教でした。その革新運動のさきがけとなったのが般若《はんにゃ》経典です。

「色即是空《しきそくぜくう》」は日本で最も有名な仏教の文句ですが、やはり般若経典の代表的なスローガンです。

古典落語を聞いていると、長屋のお年寄りなどがこの「色」を「色情」と解釈して、「女遊びに狂うのは空しいぞ、おまえ」と若い衆の遊郭通いをさとすために「色即是空」をもちだしたりしますが、完璧なカン違いです。

「色」はインド語の「ルーパ」の訳で、「形あるもの」の意味。「空」はインド数学の「ゼロ」をさす言葉で、「実体がない」の意味ですから、「色即是空」とは、「形あるものには実体がない（すなわちゼロである）」、ここから転じて、「形あるものにとらわれるべきでない」という戒めの言葉になります。

一見仏教らしい戒めに聞こえますが、ただ、では、この言葉がはたしてブッダ自身のものだったかといえばかなり怪しい。「色」はなるほどブッダの時代からよく使われました。一方、「空」はあまり使われなかった。それは、革新運動に燃える大乗仏教徒の一部が「一切のとらわれからの解放」という理想を原理主義的に強調するために派手にうちだした、「運動用語」としての概念だったからです。

仏教が紀元一世紀頃にインドから中国に伝わったことは本章でふれました。その中国でこの「空」思想を基礎に発展したのが禅仏教です。日本の禅宗の臨済宗や曹洞宗もルーツは中国にありますが、中国で臨済禅の祖となった人物に臨済義玄《りんざいぎげん》というえらいお坊さんがいます。

かれの逸話はその死後『臨済録《りんざいろく》』という書物にまとめられましたが、そのなかにこんな言葉がでてきます。

「仏に逢うては仏を殺し、父母に逢うては父母を殺し、初めて解脱することを得ん。物に拘せられず、透脱自在《とうだつじざい》なり」

「透脱自在」とは「完全な自由の境地」のことです。義玄さんは、それを得るためには「仏」つまりブッダにすらとらわれてはいけないということを「殺す」という言葉にこめたわけですね。こうした立場の根底にあるものこそ「生も死も実体はゼロだ」とみる「空」の思想です。ブッダはなるほど自分の教えにとらわれるべきではないと説きましたが、一方では、殺生戒《せっしょうかい》、人も動物も命あるものは殺すなかれと強く説いた人です。

またブッダは「生も死もどうでもよい」境地をめざせとは言ったが、「生も死も正体はゼロだ」などとラディカルなことは一度も口にしなかった。

そんなわけで、もしブッダがこの義玄さんの言葉を知ったら、どう思うでしょうか？　基本的に「できた人」に思われますので、趣旨さえ理解すれば怒らなかったかもしれません。でも、心のなかではそっとつぶやいたかもしれない。「聞いてないよ」と。

日本が中国大陸経由で輸入し、主流としたのは、大乗仏教でした。ただ、大乗仏教の思想は「空」だけではありません。それについては、第七章のコラムをご覧ください。

第五章

ブッダ、「非情な父親」の素顔をみせる

ブッダの十大弟子

いまから二千五百年前の昔、のちに仏教の開祖となったブッダは、三十五歳の年に「悟り」を成就すると、みずから得た「三昧」を楽しみ、「悟り」の解放感の素晴らしさを人々とわかち合おうと説法の道に身を投じました。

初めはごく少数だった仲間もしだいに数がふえてゆき、有力な国王や資産家の一族の間からの支持者も現われて、やがて**サンガ**※と呼ばれることになる教団も誕生し、形をととのえることになった。

ブッダの人生観に裏打ちされた、世俗的な快楽主義を厭い、だからといって極端に脱俗的な苦行主義にも走らない、「**穏健な**」**瞑想修行**の効用を説く立場は、どちらにもついてゆけないものを感じていた多くの人々の共感を得て、教団はブッダが遊行に回った先々の地域で、ほどなく「支部」を作るまでになります。

ただ、活動の前線基地となる支部の育成についてブッダは、厳格な戒律主義にもとづく一枚岩の組織作りに関心をしめそうとしませんでした。各地域ごとにローカルな自立性を尊重する、「**柔らかな**」**仕組み**を築くのを基本方針とし、結果として、「支部長」の立場にあたる修行者の個性を反映した多くの特色ある「仏教」が登場すること

※**サンガ**
元々は「群れ」を意味する言葉。「組織」とはニュアンスが異なる。ブッダの死後出家者の生活は遊行からサンガへの定住に変化した。

になった。

皮肉なことに、そのことがブッダの死後、仏教のありがたさを説く教団がセクト的な分裂をくりかえす素地となるのですが、ただその一方で、かれらが立場の相違を超えて忠誠を誓ったブッダの根本的な教えもあったことはいうまでもありません。

そのことをしめすのが、初期の経典によく顔をだす、**不死の境地**※という言葉です。

ここでいう「不死」とは、物理的な「肉体の不滅」という意味ではありません。本書をこれまでお読みになった方には見当がつく通り、**生も死もどうでもよい**というブッダが「成道」のあの日に河辺のアシヴァッタ樹のもとで体得した「悟り」の境地を意味するものでした。

ブッダの弟子たちは個性も修行における能力もまちまちでした。が、この「境地」をブッダが「成道」の日に実践したやり方そのままに達成するべきだという点ではだれもが一致していました。

最初はわずかばかりの修行者仲間、弟子たちとともに始まったブッダの教団は順調に成長しますが、その最盛期、たとえばブッダの晩年にどのくらいの規模に成長したのか、じつのところはっきりしません。

一説には数百人の直弟子を従えていたという話もありますが、あいにくと推測の域

※不死の境地
パーリ語のアマタの訳。「死神が見ない境地」という表現も多い。中国では「甘露」とも訳された。

にとどまっています。

ただ、それなりの数の修行者が揃い、修行の成果を競い合うなかで、多くの仲間に一目おかれる「**大物修行者**」たちが登場したのは自然な成り行きだったでしょう。

後世の経典はブッダの直弟子、つまり開祖のブッダに直接の薫陶をうけた人々のうちから主だった者を十人選びだし、これを、**十大弟子**と名づけて、イエス・キリストの「十二使徒※」にも似た形で「聖人」として賞賛することになりました☞1。

以下、その名前をリストアップしておきましょう。

サーリプッタ
モッガラーナ
カッサパ
スブーティ
プンナ
カッチャーヤナ
アヌルッダ
ウパーリ

※**十二使徒**
ペテロ、ヨハネなど十二人の弟子たちをいう。「十二」はイスラエルの十二部族に由来する象徴的な数字で、顔ぶれは後世の選出によるもの。

☞**1**
十大弟子はあくまで後世の僧侶の選定によるもので、生前のブッダが実際に指名したわけではありません。メンバーに変遷はありましたが、ほぼ本文の十人に落ち着きました。

十大弟子 一覧

サーリプッタ	サンスクリット語ではシャーリプトラ。漢訳名を舎利子（または舎利弗）。マガダ国の首都ラージャガハの北方の村のバラモン出身。「智慧第一」といわれた。小さい頃から勉学にすぐれ、長じて哲学的遍歴を重ねた後ブッダに出会い入信。並外れた理論構築能力と統率力をかねそなえた人材としてブッダの右腕となった。
モッガラーナ	マハーモッガラーナとも（「マハー」は大の意味）。漢訳名は「目連」「摩訶目犍連」。サーリプッタの隣村のバラモンの出身。洞察力に秀でた人物で「神通第一」と呼ばれた。サーリプッタと車の両輪になってサンガの運営にあたった。サーリプッタの先鋭な理論をだれにでもわかるたとえ話に噛み砕いて伝える能力で知られた。
カッサパ	マハーカッサパとも。「迦葉」「摩訶迦葉」。ラージャガハ郊外の村のバラモン出身。「頭陀第一」。「頭陀」とは衣食住に対するあらゆるむさぼりを打ち滅ぼすための修行。非常に厳格な修行姿勢で知られた。ブッダの没後はサンガをまとめて開祖の教えと戒律を編集する作業（「結集」）を指揮した。
スブーティ	須菩提。祇園精舎を寄贈したサーヴァッティーの資産家の甥。「無諍第一」「供養第一」などと評される。前者は「決して争わない境地に達した」、後者は「在家から尊敬されるべき」それぞれ第一人者の意味。大乗仏教になってから、「空」の思想をいち早く理解した先駆者として尊敬を集めた。
プンナ	シャカ国のバラモン出身。富楼那。「富楼那の舌」という言葉ができるほど弁舌巧みで、「説法第一」と呼ばれた。西方の遠国にでかけて多くの信者を獲得したという伝説をもつ。
カッチャーヤナ	マハーカッチャーヤナとも。「迦旃延」「摩訶迦旃延」。アバンティ国（？）のバラモン出身。こみいった教理的議論にすぐれ「論議第一」といわれた。「眼ある者は盲人のごとく、耳ある者は聾唖、智慧ある者は愚者のごとく、強き者は弱き者のごとくあれ」という詩の作者で知られる。
アヌルッダ	シャカ国の出身。阿那律。「天眼第一」。修行に打ちこむあまり失明したが、かえって物事をつかむ力を得たのでこの名がある。どちらかといえばデーヴァダッタ（第六章参照）に近い苦行者タイプの修行者である。
ウパーリ	優波離。十大弟子のなかで唯一シュードラ階級の出身。シャカ国の宮殿の理髪師だった。戒律をよく守ったことから「持律第一」といわれ、ブッダ死後の「結集」の際は戒律をまとめる役目に。
ラーフラ	羅睺羅。「学習第一」。「『ラーフラは二つの幸運をもつ。一つはブッダの子であること、一つはものを見る目があること』と人は言う」というその詩が伝えられる。
アーナンダ	シャカ一族の出身。阿難。「多聞第一」。ブッダの説法をそばで最もよく聞いたことからの呼び名である。ブッダの侍者となり、晩年の二十五年間を仕えた。ブッダより三十歳ほど若く、おそらくラーフラと年齢が同じくらい。物怖じしない屈託のない性格がブッダに愛されたが、そのぶん同僚の嫉妬も買った。

ブッダの主要な弟子はこの十人にかぎられない。他に、大変ウイットに富んだ弁舌で人気者になった「頓智第一」のクマーラ・カッサパ、逆に、説法をちっともしないという非難にも我関せず、一人悠々と無欲の快楽を楽しみ百歳を超える長寿をまっとうした「長寿第一」のバックラなどの名が知られている。

ラーフラ
アーナンダ

ちなみに、このうち、最後から二番目にでてくるラーフラとはあのラーフラのことです。このブッダの一人息子、かれが妻ともども捨てたラーフラがその後いつどんないきさつでブッダの教団に加わり、「直弟子」の一人になるのか、それを記すのが本章の最後の課題となります。

出家者たちにとって妻子は「死神の罠」

この十人に代表されるブッダの直弟子たちは、日本の武道の道場の師範代のようなものだと思えばよいかもしれません。

ブッダのもとに集まった修行者たちは、師の唱える「不死の境地」の獲得をめざして日々修行にあけくれたわけですが、それは師自身の場合と同じように、さまざまの葛藤をかかえたものになりました。

ただ、ブッダの指導法の特色は、文字通り、「**応病与薬**《おうびょうよやく》」つまり相手の性格や倫理的な力量ごとに最もふさわしい教えを選んで説く柔軟さにあり、事実、かれの下す「診断」はきわめて的確で、それが「苦の治療者」としての声望を高めて、教団の拡大に貢献することになりました。

もっとも、そうはいいながら病は病、「薬」が一日で効くわけもなく、弟子たちの「悟り」をめざす修行は試練の連続となったわけですが、ただ、「試練」という言葉を使うならば、それを最もやりきれない形で味わったのはじつは家族だったのではないでしょうか。

家族とはいうまでもなく出家者に捨てられた家族のことで、その間の雰囲気を生々しい形でおしえてくれるのが、**『テーラガーター**※**』**という古い経典です。「テーラガーター」とは**長老の詩**という意味の言葉です。生前のブッダの謦咳《けいがい》に接した最古参の直弟子たちをふくむ初期の仏教の修行者の詠んだ一二七九（数え方によっては一二八〇）の詩がおさめられています。

そこにくりひろげられるのは二つの「試練」の食うか食われるか、まさに正面衝突の光景です。家族を捨てた修行者が必死ならば、残された家族もまた必死。ここに、阿鼻叫喚の――しかし今日のわれわれの目からみると滑稽に思えなくもない――「シリアスな」場面がこれでもかと出現し、描かれることになります。

※テーラガーター
中村元博士が『仏弟子の告白』というタイトルで訳した。『テーリーガーター』（『尼僧の告白』中村訳）と対になる経典。

読む者はそこに仏教創成の現場にたちこめる匂いを嗅ぐことができます。それは「悟り」のすがすがしいイメージを裏切る強烈な人間臭さの匂いです。そしてこれをぬきに誕生時の仏教は理解できません。

『テーラガーター』のある節に、チャンダナ※という名の長老がものした、「家族との戦い」をめぐる詩がでてきます。

「不死の境地」をめざす詠み手の意気込みが伝わってくる面白いものなので、紹介することにしましょう。

つぎのものです。

金銀の装身具で全身を覆い、侍女たちを引き連れて妻はわたしに近づいてきた。

わたしは、彼女が子供を脇にかかえていることに気づいた。美しい衣装を着飾り、歩み寄ってくる彼女の姿は、まるで死神の罠が広げられているかのようにみえた。

そこで、わたしに、「すべては無常だ」という考えが起きた。

「一切は患いである」という思いが現れた。

「あらゆるものを厭わねばならない」という気持ちが定まった。

ついに、わたしの心は解脱したのだった。

※**チャンダナ**
祇園精舎のあるサーヴァッティーの資産家の出身。妻と一人息子がいた。

いやはや、いまのわれわれの目からみるとなんとも大げさな告白ですが、この詩が描いた状況がどのようなものか、およその見当はつくでしょう。

教団の発足からしばらくのち、修行者たちは土地の有力者の寄進でできた宿舎で共同生活を送り始めていた☞2。チャンダナもその時期のサンガのメンバーの一人でした。

妻が連れてきた子供が小さい子供である様子から、これはチャンダナが出家してまだ日が浅い頃の出来事だとわかります。俗人時代のチャンダナには、若く健康な妻と幼い子供がいた。ところが、ブッダの教えに感化されたかれは、二人を放り捨てて家をでていってしまった。チャンダナの妻は夫がしてのけたふるまいがどうしても理解できなかった。

そこで、いまからでも遅くはないと儚い望みをつないだ彼女は、この日、精一杯のおしゃれをして、体に香料を塗った。家族の顔をその目で見ればウチの人の気持ちも変わるかもしれない、と子供をかたわらに従え、夫が暮らすと噂で耳にしたサンガへ足を運んだ。

夫ははたしてそこにいた。彼女は逸る心を抑えて近づいていった。

ところが、夫はそこになんと、**「死神の罠」**を感じた。あげくの果てに、それをバ

☞2 精舎ができる以前は、洞窟や草葉で編んだ仮の庵で雨露をしのいでいました。汗や埃にまみれた文字通りの物乞いの放浪集団のイメージに近い暮らしぶりだったようです。

ネに「**解脱**」してしまったというのです。

まさに踏んだり蹴ったり、妻としてはたまったものじゃなかったでしょう。

それにしても「死神の罠」というのはすごい表現です。

ただ、さきにものべたように、ブッダはかれの開いた、生も死もどうでもよい、一切のとらわれから自由になった境地を、**不死の境地**と呼びました。チャンダナの詩にある「死神の罠」という文句はこれを忠実にふまえており、要するに「不死」の障害、**悟りを妨げるもの**という意味がこめられたものです。せっかく愛児まで連れ出してこ一番の大勝負にでた妻には気の毒というほかありませんが、経典には、彼女はこのとき、「**女の媚態を示して**」夫の気を惹こうとしたと嘲笑的に書いてあります。

もっとも、『テーラガーター』は、そもそも自分がいかにブッダの教えを正しく守り、修行のゴールに達したかを誇示したい修行者の詩を集めた経典です。教団的には、これらの詩はまたとない宣伝材料となるものでしたが、仏教にかぎらず、「信仰告白」とはいつの時代、どんな宗教でも多かれ少なかれこういうもの。文句を言ってもはじまりません。

町で高級娼婦に迫られた出家者

妻や子だけではありませんでした。血を分け、あるいは契った家族はだれであれ、サンガの修行者たちにとって存在自体が「悪」。俗世の愛情を通じて「とらわれ」を生む最大の魔物とみなされた。

それは言葉の正しい意味での、**世俗の中の世俗**の体現者、それゆえにいの一番に切り捨てるべきものと位置づけられていた。

そのことは、仏教の原点を知るうえで多くの手がかりを提供する古い経典集『スッタニパータ』がおさめたつぎの詩、

妻子も父母も、
財宝も穀物も親族も、
あらゆる欲望のもととなるものを捨てて、
サイの角のように一人歩め。

というブッダ自身が詠んだとされる詩によく表わされています（ちなみに、サイの角

はそれが一本であることから、たった一人我が道を往く矜持の比喩として用いられることになりました)。

なおこの『スッタニパータ』にはほかにも、

人と交わりをなしたならば愛情が生じる。
愛情にしたがって苦しみが起きる。
愛情から禍いが生じることを観察して、
サイの角のように一人歩め。

というやはりブッダのものとされる詩もあり、ここで愛情を強いるとされる存在が「家族」を念頭においたものであることはいうまでもありません。

この場合の「観察」は、「愛情」という「苦」（精神的な不安）の「原因」の追求にむけられるべきものですが、これは若きブッダが「悟り」をめざして「老い」や「病」や「死」についておこなった作業でもありました。

ところで、仏教の経典——古いものと新しいものとを問わず——のなかで、このように修行者がせっかく逃れようとしている「煩悩」にわざわざ火をつけてしまうゆえに「魔物」とみなされた女性は、妻にかぎられたわけではありません。

たとえば、煩悩※を刺激する誘惑の強さの発揮にかけては、文字通りその道のプロというべき存在がいます。そう、金貸しとならんでおそらく世界最古の商売とされる、**娼婦**です。

第一章の「出家とはなにか」のところで、ブッダの時代の大都市の繁栄とそこに氾濫した快楽主義の文化についてふれましたが、そのアダ花として誕生したのが当時都市の最先端で、**「セレブ的」存在**となった「高級娼婦」たちでした。彼女たちは富裕な子弟を中心とした礼賛者をまわりに引き連れ、大通りをねり歩いては、**スノッブな人気**を集めていました。彼女たちの教養ある者は国王のサロンで会話の相手役もつとめ、また高額納税者番付の常連になる女性までいたほどです。

『テーラガーター』にも、そんな都市の娼婦をあつかった詩は登場します。実際、男所帯のサンガで暮らすメンバーたちにとって、性的な欲求の克服が深刻なテーマとなったことは想像に難くありません。

つぎに紹介するのは、スンダラサムッダ※というブッダの直弟子だった長老の一人が娼婦について詠んだ詩です。

※**煩悩**
サンスクリット語のクレサの訳。心をかき乱すもとになるもの。英訳では illusion また blind passion という訳もある。

※**スンダラサムッダ**
ラージャガハの大富豪の息子。「スンダラサムッダ」とは「端正なサムッダ」の意味。

体に美しい花環《はなわ》を飾りつけ、お洒落をした女、足を紅で染めたその娼婦は近づいてきた。

彼女は履物《はきもの》を脱ぐと、わたしに手を合わせ、物腰柔らかく微笑して言った。

「あなたはお若いのに世をお捨てなさった。さあ、わたしの言う通りにしなさいな。一緒に人間らしい欲望を楽しみましょうよ。わたしはあなたに富もさしあげますよ。誓いますわ。それでもどうしても出家したいというのなら、いっそ二人が年を取って杖をつくようになってからにいたしません？　そのときは二人仲良く出家しましょうよ。ああ、そして二人で幸せになるのだわ！」

身を飾り、美しくお洒落をし、死神の罠をひろげるようにこちらにむかって手を合わせる女。わたしはあらためてその女を見た。

――するとそのときだった。

「すべては無常だ」

という考えがわたしに起きた。

「一切は患いである」

という思いが現われた。あらゆるものを厭う気持ちが定まった。

ついに、わたしの心は解脱したのだった。

『テーラガーター』にはそれぞれの詩が詠まれた背景を伝えた註釈書がありますが、それによるとこの言葉巧みな娼婦は、じつはスンダラサムッダの母親がさしむけたものだったらしい。この母親は息子が家を出て以来、悲観のあまり毎日泣き暮らしていました。事情を知った娼婦が同情して（？）、自分なら息子さんを連れ戻すことができると請け合い、たまたまスンダラサムッダが町へ托鉢《たくはつ》にきたところに歩み寄り、声をかけたとあります。

もっとも、これは、この詩にまつわる因縁話としてかなり離れた時期にまとめられたものですから、どこまで正確なものかはわかりません。

ただ、息子をブッダに「奪い去られた」と感じた母親が、思いつめたすえに腕達者な娼婦を派遣するというのは、仏教が修行者の開拓に躍起だったこの時代、実際にあって不思議ではなかった話に思えます。

「師よ、わたしの心は解脱しました」

最後に、『テーラガーター』には——こちらの方は同じ魅力的な存在でも娼婦ではなく舞女（ダンサー）ですが――こんな詩もでてきます。詩の詠み手はナーガサマーラ※という名の長老です。

サンガで暮らした修行者は、朝起きると托鉢のために近くの街にでて、民家の戸口で鉢に飯を盛ってもらうのを習慣としていました。

ナーガサマーラが詠むのは、そんなある朝に大通りで遭遇した出来事です。

全身を飾り、美しい衣装を着た女。頭に花環をのせて、栴檀の香料を体に塗りこめた舞女が、楽器に合わせて街路で踊っている。

鉢を小脇にわたしは彼女のそばへ通りかかった。着飾った女の姿態が目に飛びこんできた。そのときだった。わたしは死神の罠を感じていた。

するると、

「すべては無常だ」

という考えがわたしに起きた。

「一切は患いである」

という思いがつのった。あらゆるものを厭う気持ちが定まった。

ついに、わたしの心は解脱した。

※**ナーガサマーラ**
シャカ国の出身。ブッダの身近に仕えた修行者の一人のよう。

舞女はこのとき目の前を歩くかれに妖しい流し目でもくれたのでしょうか？　彼女としては通りすがりの坊さん相手の気まぐれ、からかい半分のつもりだったのかもしれません。

が、それをくらわされた本人とすればのけぞらんばかり、「死神の罠」を感じてしまったわけです。こうしたスレちがいの悲喜劇は、ブッダの時代、サンガの周囲でひんぱんにくりひろげられていたものだったのでしょう。

なお、この最後の一行にある「わたしの心は解脱した」は、これまで引用した三人の直弟子の詩に共通する文句で、要するに誘惑にもめげず、逆にそれを契機に師と同じ境地に達した見事さを強調し、誇るために使われているわけです。

つまり、ブッダの弟子たちの周囲で、女性陣は魅力をふりまけばふりまくほど、野暮天どもの、**「無常感」を高潮させる**という損な役回りを引き受ける羽目となったわけですが、考えてみれば「身体の無常」を悟ること、これは生も死もどうでもよい境地、修行の最終ゴールに達するための最も肝要な条件の一つ。そんなかれらのまえでおのが肉体を誇示するのは気の毒な一方でお門違いな選択だったというほかありませんでした。

さて、ブッダがどうやら人間嫌いの気質の持ち主だったことについては、いくつかの逸話にからめてみてきました。

男性の場合の「人間嫌い」については、**家族嫌い**のほかに、**女嫌い**という形をとることが珍しくありません。

女嫌いはまえにものべた通りミソジニーですが、これは正確に記せば「女性憎悪」のこと。実際には、女たらしで鳴らすミソジニストなる存在も珍しくありません。

一方、家族嫌いとはほぼそのままの意味で、最近では『家族という病』という本がベストセラーになって話題を呼んだのは記憶に新しいところです☞3。

が、いずれにせよ嫌われる方にすればとんだ災難であることにはちがいなく、経典にも家族たちがそうした割りきれない感情をぶちまける場面が登場することになります。

そしてそれらは、経典の作成者の意図とは裏腹に、誕生直後の仏教をとりまく「空気感」を剝き出しに伝えることになります。

さきほどあげた「十大弟子」の筆頭にサーリプッタの名がでてきました。

かれは二番目のモッガラーナとともにブッダの教団を支えた二大幹部の一人でした。

このサーリプッタがあるとき托鉢中に、他の修行者を連れて生まれ故郷の

☞3
下重暁子著『家族という病』の帯のコピー「家族ほど、しんどいものはない」は『テーラガーター』にでてきてもおかしくない言葉です。

村の実家に立ち寄ったことがあった。

これは第一章のコラムでも引いた古い経典『ダンマパダ※』の註釈書が伝える話ですが、このとき息子を出迎えた母親はかれを座らせ、給仕をしながらこう罵ったとされます。


「この残飯喰いが！

おまえは他人の家でわずかな貧しい粥を得るために、八億金からなる財産を捨てて出家した。わたしやわたしの家族は、おまえの身勝手さのおかげで、一生を台無しにされてしまった。

さあ、とにかく今は食べるがいい」


息子に財産を譲る計画を狂わされた資産家の母親のまさに恨み骨髄といった感じの台詞です。このあと彼女は、こんどは非難のホコ先をサーリプッタのかたわらの修行者らにむけて、

「わたしの大事な息子は、もはやおまえたちに顎でこき使われるみっともない下僕

※**ダンマパダ**
漢訳名『法句経』。「ダンマ」は「法」（真理）、「パダ」は言葉で「法の言葉」を意味する経典名。

になりさがってしまった。
さあ、おまえたち、とにかく今は食べるがいいさ！」

と当たり散らしたとあり、相当ストレスが溜まっていたことがわかります（ちなみに、「残飯喰い」はサンガの修行者たちが投げつけられる決まり文句のようなもので、第四章でとりあげた『サンユッタ・ニカーヤ』には、托鉢に回っていたブッダ自身が「またきやがって」と飯をめぐむ相手から露骨に乞食あつかいされた話が登場します）4。

ブッダ、教団史上最大のスキャンダルの主となる

いずれにせよ、これなどはヤショーダラーの馬への八つ当たりを連想させるエピソードですが、それを伝える『ダンマパダ』の註釈書の意図が「無知な」母親を引き立て役にサーリプッタを賞賛するところにあったのはいうまでもありません。

が、それを読む側のわれわれとしては、どうしても、息子に捨てられた母親の姿の方に強い印象をうけてしまう。

4 サーリプッタの母親が別の日に訪れた修行者の頭に腐った米のとぎ汁をぶちまけたという逸話も残っています。当時のインドには跡継ぎのなくなった家の財産は国王に没収される慣例がありました。

サーリプッタにかぎらず似たような話がどの修行者にもつきまとったことは、さきほどの『テーラガーター』の他の長老たちの詩からも明らかで、裸の仏教は、このように家族をめぐる「死屍累々」の光景を代償に発展してゆくことになったのですが、ただ、問題は、その結果、こんどはブッダ自身が他人の家庭に手をつっこんで家族の仲を引き裂く、**家族破壊の元凶**としての悪評を当時の人々（ヒンドゥー教徒）から浴びることになったことでした。

考えてみれば、ブッダという人物は、「出家」は隠居の年頃になってからというその頃の社会規範を無視して遁世を強行した。

そしてこんどは同じ掟破りを他人にも勧めて回ったわけですから、これが顰蹙を買わなかったら不思議だともいえるわけです。

ブッダは苦しい立場に追いこまれていきました。

そしてそうした苦境は、結果的にかれに、**教団史上最大のスキャンダル**となる大騒動をひきおこさせることになるのです。

この、出家から十二年後、ブッダ四十一歳の年の事件について古い経典は沈黙しています。

これからのべる事件はその一部始終ですが、一言でいえば、ブッダはこのとき、他人の家族を奪う悪人という「世間の評判」を自身の家族を奪うことで打ち消すという大バクチに打ってでた。

初期の経典にかろうじて残る断片的な記録によると、ブッダはその年のある日、何人かの修行者を引き連れて家族たちの住む故郷シャカ国の宮殿に帰ったらしい。

ブッダがなぜ戻ってきたのか、王家の人々は最初は意図をつかみかねたようです。ブッダは長い修行生活で剃髪粗衣がみるからに板についた、「**あちら側**」**の人**になっていますし、顔つきも言葉つきも別人同然。宮殿の人々はどう扱ってよいかさえわからず、おっかなびっくり遠巻きにしているだけでした。

ただ、経典の記述のなかでいかにもブッダらしいと思えるのは、帰宅したかれが決して王家の人々の厄介になろうとしなかったこと、それどころかあてつけるように毎日托鉢の鉢をかかえて街の民家の戸口に立って飯を乞うては、父のスッドーダナ国王を嘆かせたというくだりです☞5。

とはいうものの、ブッダの帰郷の「真の意図」を家族が察知するのにそう長く時間はかかりませんでした。

それは、**息子ラーフラの強奪**という国王ら家族たちにとっては驚天動地の「大計画」でした。

☞5
「息子よ、おまえはなぜ家族に恥ずかしい思いをさせるのか。他人に食べ物を乞うて歩く王族など見たこともない」（『ジャータカ』）

このあとに起きた大騒ぎを描くのは、第二章で引いた書物、「仏伝文学」の『マハーヴァストゥ』です。

いうまでもなくラーフラはブッダがもうけた唯一の子供です。しかも男の子であり、シャカ国の王家にとってはたった一人の後継ぎでした。

漢訳仏典には、ラーフラを「国の財宝」と呼んでいるものがありますが、かれを奪われることはシャカ国にとって文字通り国の将来を奪われることにほかなりません。

息子を強制出家させたブッダ

そんなわけで、ブッダの真意を悟った父国王のスッドーダナは完全に取り乱してしまいます。ただ、ブッダの出家のときから十二年の歳月が流れ、かれはいまやみるかげもなく老いさらばえていました。

ブッダを説得する姿にも出家を引き止めようとした以前の迫力はもはやありません。『マハーヴァストゥ』が伝えるのは、みるからにうちひしがれた一人の痛々しい老人の姿です。

ブッダはラーフラを連れ出そうとしている。出家させようとしている。それを知ったスッドーダナはむせび泣いた。すると王家の者たちもむせび泣いた。宮殿の内も外も、そこにあるのは人々の嘆きの涙だけだった。

国王はそれでも最後の気力をふりしぼってブッダに近づいてゆきます。そして懇願します。

息子よ。おまえはかつてシャカ一族を捨てて、家を出て行った。おまえは出家はすばらしいものだと言う。いいだろう。そのすばらしさを味わった以上、一人で出家しただけでもう充分ではないか。そうだろう？　だから、どうかラーフラの出家だけは認めないでおくれ。この王家の家系を絶やさないでおくれ。

ラーフラはこのときまだ十二歳のあどけない少年。出家など思ってもみない身でした。が、『マハーヴァストゥ』はここに、――「仏伝」のルールにのっとって当然のように――わが父ブッダを一目見るなり魂をわしづかみにされた少年、「とりこになったラーフラ」という物語をでっちあげます☞6。

以下は『マハーヴァストゥ』が伝えるそんな息子と母ヤショーダラーのやりとりです。

ラーフラは言った。

「母上、ぼくも世俗の欲を捨て去り、父上にしたがって涅槃を獲得してみせましょう。ぼくの決心は固い。あなたの息子はあなたが考える以上に思慮深い人間です。ぼくは、父上のたどった道をたどって出家したいのです」

「なんと息子よ、あなたは絶対に出家するつもりなのですか？」

「絶対に！　絶対にです、母上！」

「では、もう思い直すことはないというのですか？」

「ありません。ありませんとも！」

「あなたは、父や一族の者たちを見捨てるというのですね？」

「見捨てることになります！」

ヤショーダラーは、ラーフラを翻意させようと必死の説得にでます。

6 「ラーフラはブッダの影に触れた。するとかれの毛穴が開き、全身は汗びっしょりになり、喜びにつき動かされてブッダを凝視した」（『マハーヴァストゥ』）

ヤショーダラーはこのとき言った。

「ラーフラよ、出家など考えてはいけません。出家したら最後、あなたを待ちうけているのは生易しい暮らしではないのですよ。あなたは、この宮殿におりさえすれば、絹の凝った衣装に身をくるみ、夜は豪華なベッドで眠れ、毎日新鮮な食事もとれます。でも、出家したら最後、どうなるか？　あなたは地面にむしった草を敷いて寝、木の根元で坐禅しなければならない。他人の食事をあてにしてとても嫌な目にもあい、腐った残飯を口にしなければならない。卑しい娼婦が死体から剝ぎ取った粗末な衣を身につけ、修行場の森ではライオンやトラ、ジャッカルといった猛獣たちの声を聞かねばならないのですよ」☞7。


これはまさにこんな際にどの母親も口にするにちがいない言葉に聞こえますが、同時に、「仏伝文学」の約束通りに型通りの台詞を吐かせただけといったそんな印象もぬぐえません。

ヤショーダラーは言葉を尽くしてなおもさとします。

宮殿の快適さに慣れ、楽士たちの奏でる琵琶や笛、太鼓の音色を耳にし

☞7
これはごく現実的な危険でした。「修行者は五つの恐怖におびえてはならない。それは襲いかかるアブと蚊とヘビと山賊と四足獣（ヒョウ、トラ）にでくわすことの五つである」（『スッタニパータ』）

ながら沐浴を楽しむ生活を送ってきたあなたが、どうしてそんな過酷な生活に耐えられるのでしょう！☞8　ラーフラ、悪いことは言いません、この宮殿で遊んで暮らす道を選びなさい。だって、そうでしょう？　一体全体、出家が何のためになるというのです？

が、ラーフラはもはや母の言葉に耳を貸そうとはしません。ブッダの「高貴さ」を全然理解できないらしい母親に猛然と食ってかかります。

いいえ、母上。ぼくの人生でこれまであの方のように一目でわたしの魂を揺さぶってくれた人はいません。母上、そうでしょう？　ぼくのなかにこのような激しい慕情が沸き起こったのにはきちんとした理由があるはずです。

悪妻ヤショーダラーの最後の抗い

やがてラーフラの決意のひるがえらないことを悟ったヤショーダラーが折れるときがきました。

☞8
ヒンドゥー教は沐浴を罪業を浄める儀式として神聖視しました。前出の『テーリーガーター』は「もしそれが本当ならばカメやカエルも罪業から浄められるだろう」と皮肉ったブッダの弟子の尼僧の言葉を伝えています。

彼女は悲しみを必死にこらえると、気丈にも語りかけます。

ラーフラ、もしあなたが絶対に家を捨てて出家の身になりたいと言うのなら、母はもうとめません。ただ、これだけは忘れないでちょうだい。修行の生活に入って、もし清楚で麗しい年長の女性に出会うことがあったならば、彼女をこの母だと思って接しなさい。逆に、ラーフラよ、もし美しい少女が瓔珞《おうらく》※をまとって来ることがあったならば、あなたは彼女に愛欲の念をおこしてはなりません。

なんとも複雑な母親らしい感情の吐露ですが、これを文字通り見てきたような台詞とともに描く『マハーヴァストゥ』の書き手のお坊さんは、いま生まれていれば大変な戯曲家になっていたかもしれません。

こうしてデリケートな感情のひだを晒したヤショーダラーでしたが、それでも最後に、

ラーフラよ、おまえがもし今からでも出家をあきらめるというのなら、そうしてくれないか。

※**瓔珞**
玉をつないだネックレス。

とつけ加えます。

が、そんなことがもはやあり得ないことは、彼女自身がだれよりも知るところでした。

『マハーヴァストゥ』は母と息子の痛切な別れの場面を読者に叩きつけます。

そこに一貫するのは、「出家者」を宝石とみ、「俗人」を石とみる、**出家中心主義**という裸の仏教、開祖ブッダの思想です。

『マハーヴァストゥ』の「リアリズム」、それはつぎのようなしめくくりの場面を用意します。


ブッダが宮殿にとどまる最後の日、ヤショーダラーは、

「明日の朝、修行者の皆さんを食事に招待したい」

と申し出た。ブッダは同意した。

その夜、彼女はいそいそとたくさんの美味な菓子を準備し、朝がくると自分の住居の飾りつけをし、床を水で清め、足元に花を撒き、ブッダ一行のために豪華な座をしつらえた。

ブッダは約束の時間がくると、いつもの粗衣を身につけ、托鉢の鉢をかかえて、

修行者たちと彼女の部屋に入って行った。

そのときラーフラの母ヤショーダラーは、瓔珞などで全身を飾りつけ、ブッダにまめまめしく給仕した。夫が出家をやめて家にもどってくれることを期待して菓子で誘惑をした。

が、ブッダは少しも心を動かされなかった。

この期におよんでヤショーダラーがブッダの「還俗《げんぞく》」を期待するなどあり得るはずもない話ですが、『マハーヴァストゥ』の書き手はそんなことには頓着などしません9。

物語は、ブッダがヤショーダラーを説法で「勇気づけ」、部屋をでたあと一人の修行者がつぎのように師に語るところで終わります。

師よ、いまのヤショーダラーの有り様をご覧になりましたか？　彼女はアクセサリーで身を飾りたて、まめまめしくあなたに仕え、誘惑さえしようとした。でも、あなたはまったく心を動かさなかったのですね！

9 還俗は遁世（出家）の反対語。僧が俗世にもどることです。面白いことに、中世の比叡山では出家者が山を下って市井の僧になることを「遁世」と呼んでいました。法然、親鸞、道元なども皆この「遁世僧」出身で、これを「二重出家制度」といいます。権力闘争に明け暮れる比叡山が当時いかに「第二の俗世」と化していたかを如実に表す言葉としてよく引かれます。

ラーフラまで
連ーれて
いかないで
ああ

それはいかにも小気味よさげな賞賛の言葉です。このときブッダがどんな表情を浮かべたのか不明ですが、「昔から彼女はそうだったよ」といともあっさりと答えています。

それは現代のわれわれには、子を奪われる妻の心をかえりみない元夫の冷酷な台詞としか聞こえません。

が、これが仏教の原点の「リアル」でした。

結局、ラーフラは連れ出され、死ぬまで教団の一員として生きてゆくことになりました。その後ラーフラは十大弟子の一人として名を残しましたが、ある日ブッダが多くの修行者がいる前でラーフラの「慢心」を叱責したという逸話をのぞけば、二人のその後の関わりの機微を伝える記録は伝わっていません10。

父親の偉大さのまえに仕方がないとはいえ、どこか影が薄いというか、おそらくは、「**強奪された息子**」という過去のトラウマを胸に、他人には言えない鬱屈をかかえて生涯を送ることになったと思われます。

くりかえしになりますが、古い経典はさすがにラーフラ連れ出しのこの一件についてては沈黙せざるを得ませんでした。なぜなら、そこには、年端もいかぬ子供、王家の跡取りを家族の嘆きを尻目に有無をいわさず奪い去ってゆ

10
「おまえはサンガの賢者たちをあなどっているのではないか?」とブッダに言われ、ラーフラは「あなどったことはありません」と答えたといいます(『スッタニパータ』)。なおラーフラはブッダの指示でサーリプッタの監督下におかれました。

く、当時の世間の基準からしても冷徹そのもののブッダ、仏教の信仰者以外の目には驚くほどナマナマしい教祖ブッダの「素顔」があったからです。

ただ、ブッダ自身もこれについてはいささか考えるところがあったらしい。サンガに親の許可なしに子供を出家させてはならないという規則ができたのはこの事件のあとのことでした。

コラム

「無縁社会」こそブッダの理想

ブッダが「悟り」を得ることでめざした境地を現代風に一言で置き換えられないでしょうか？

ここに「ソロ充」という言葉があります。

あえて人と多く交わらず一人きりの生活を楽しむ生き方を選んだ人々について使われるもので、流行語にもなりました。

「悟り」を得た直後にブッダがかわしたある会話があります。第四章でとりあげた『サンユッタ・ニカーヤ』にでてくるものです。

「いったいあなたは何が悲しくて、森のなかで一人瞑想しているのですか？

ひょっとして村で悪事でもはたらいたのですか？

なぜ人と付き合わないのでしょう？

あなたはだれとも友達にならないのですか？」

これに対して、ブッダは答えた。

「わたしは楽しい悟りをたった一人で味わっている。

それゆえに、わたしは人と付き合わない。

わたしはだれとも友達にならない」

まさに絵に描いたような、「ソロ充デビュー宣言」ともいうべき言葉です。

じつはこのときブッダに問いをなげたのは「悟り」の直後に出現した悪魔の娘だったというのが『サンユッタ・ニカーヤ』の説明です。本文でみたように、「悟り」のあとにメランコリーにおちいったブッダをはげましたのは、梵天の神でした。

経典の作成者はこんどは、ブッダの聖人化を阻止し、「友達」のいる俗世に引き戻すカタキ役として悪魔を登場させたわけですね。ちなみに梵天は初期の経典からよく登場する神ですが、ブッダ自身は「神」への信仰にはまったく関心をもちませんでした。

古い経典には、「ブッダは梵天と呼ばれる勇者なり」といった表現がでてきますが、ここでは尊敬に値する人への単なる美称、たとえとして用いられています。

一方、「悪魔」の方は、「人の煩悩を刺激して、悟りの追求の邪魔をくわだてる存在」のたとえとして使われるようになった。現代の日本人が「神ってる」とか「あいつは悪魔に魂を売った」とか言う場合の「神」や「悪魔」の使い方と基本的には同じですね。

今日の日本では、無縁墓、無縁仏が大きな社会問題になるように、「無縁」はネガティブなイメージで語られるものになっています。

が、ブッダとその弟子たちにとっては逆に、世俗との「有縁」こそがネガティブな言葉だった。古典的な日本のあいさつ言葉に、「ご縁がありまして」というのがありましたが、ブッダが俗人からこれを聞いたら、引いたかもしれない。

しかし、人は結局他者との関わりなしには生きられません。俗世を逃れ、「無縁の理想」の旗のもとに発足した「ソロ充の楽園」サンガに勃発した人間関係のごたごたについては、第六章をお読みください。

第六章

ブッダを暗殺しようとした男
——伝説のデーヴァダッタの日々

「中道」の落とし穴

仏教とは「中道《ちゅうどう》」を説く教えである、とよくいわれます。

前章でのべたように、ブッダは血を分けたわが子を奪い取った。奪い取ることで「家族破壊者」という外部からの攻撃の道をふさぎました。

それは、いかにも乱暴なやり方でしたが、これをきっかけにブッダが教団拡大のための障害物をとりのぞくことができたことは否定できません。そればかりか、指導者としての足元もより盤石な形で固めることができたわけです。

すでにふれたように、大国の国王や貴族、有力者たちの間にシンパもふえて、教団は成長をつづけてゆきました☞1。

ただ、万事が順調だったかといわれれば、必ずしもそうではありません。

そこには、ブッダにとって思わぬ落とし穴が待っていました。

それが、**「中道」をめぐる落とし穴**です。

本章があつかうのはこれをめぐっておきた世紀の「お家騒動」のてんまつです。内輪もめは時代を問わずあらゆる組織につきものですが、ブッダの教団も例外ではありませんでした。

☞1 ブッダがマガダ国王ビンビサーラから贈られた竹林精舎は寒林（墓場）にありました。ヒンドゥー教徒は死体を前に無常の瞑想にいそしむブッダたちを「死体崇拝者」と呼んで軽蔑しました。

その騒動にまつわる話はサンガの素顔を驚くほどあからさまに伝える貴重な記録の一つになっています。

「中道」——今日われわれが普通に見聞きする言葉です。

が、これは、そもそも何を意味する言葉なのでしょうか？

いま試みにわたしの手元にある『新明解国語事典』の「中道」の項目を引いてみると、「**極端に走らず、穏当なこと。**『——**政治**』」とでてきます。

これでわかる通り、辞書の書き手は「政治」を念頭においているようですが、仏教の「中道」を考えるうえでも便利な説明となっています。

ただし、ここでは「中道」の意味合いを明確にするために、「極端」を「両極端」、「走らず」を「コミットせず」におきかえてみましょう。

日本は中国大陸経由で、ブッダの死後千年ほど過ぎた六世紀に仏教を輸入しました☞2。

このとき日本仏教は中国仏教の骨組みを引き継ぎましたが、中国が受けいれ定着させたのが大乗仏教だったため、自然、日本も大乗仏教が中心の仏教国になりました。

大乗仏教は「空」思想を発展させたことで知られ、第四章であげた瑩山禅師や至道無難の属する禅宗もその一派ですが、そこでは本来簡単なものだった「中道」の概念

☞2 仏像、仏具、経典が最初の輸入品でした。仏教は当時の日本人にとって大陸の最新文化(モダン・カルチャー)でした。

もずいぶんと複雑で思弁的なものになりました。

大乗仏教の理論家たちは、まず「両極端」の部分に「有」と「無」という哲学的な概念をすえました。

そのうえで、「中道」の意味を、**「有」と「無」の両極端を離れること**、つまり両者にコミットしないことだとしたのです。

ここでの「有」とは「ものは実体としてある」という思考、「無」とは「ものは実体としてない」という思考をさしますから、結局、「中道」とは「ものは実体を欠く」という考え、すなわち、**空（くう）の教え**とイコールで結ばれ、二つの概念は同一視されることになりました。

もちろん、この「両極端」に「有」／「無」をあてはめる考え方自体は大乗仏教でいきなり登場したものではなく、それ以前から形作られていたものでしたが、ただ、ブッダの生前の頃の「中道」はといえば、こんな頭でっかちで観念的なものではなかった☞3。

それはほとんど子供にも理解できるもの、**「快楽主義」と「苦行主義」の両極端にコミットしない**というごく平明で実践的、シンプルとよぶしかない中味をもつものだったのです。

☞3 「空」の理論は大乗仏教の大論客ナーガールジュナ（龍樹。一五〇～二五〇頃）によって確立されました。かれは日本で「八宗の祖師」として仰がれました。八宗とは奈良の南都六宗に天台・真言の二宗を加えたものです。

ちなみに、ここでいう「コミットしない」とは「それを思考することを含めて一切のコミットをしない」という意味で、要するに、**超然としていることあるいはもっと簡単に、とらわれないこと**と言い換えることができます☞4。「とらわれない」という言葉自体はどちらかといえばポジティブな語感をもちますが、裏を返せば、**万事に無関心でいること**にほかなりません。事実、これにぴったりの表現として英語の「indifference」という言葉がありますが、この語を辞書で調べると「冷淡」や「無関心」とならんで「超然」という訳語がでてきます。

☞4 英語では detachment です。日本の現代文学で仏教的な detachment の世界をスリリングに展開したのが村上春樹の長編小説の世界です。興味のある方は拙著『村上春樹と仏教』Ⅰ・Ⅱをどうぞ。

悪魔化された極悪人デーヴァダッタ

ここで王子として宮殿生活を送っていた時期からブッダがたどることになった立場をおさらいしておくと、

快楽主義
↓

苦行主義

←

「成道」の実現

という道すじを確認することができます。「成道」とは第四章でのべたように「悟り」の獲得を意味します（むろん実際には「苦行主義」と「成道」達成の間には瞑想による「解脱」すなわち「三昧」の階段がはさまるわけですが、ここでは「両極端」の所在を明確にするために省いてあります）。

そしてこうした立場は――ブッダ自身は「中道」という言葉は用いなくても――サンガの勢力の発展・拡大にしたがい、「仏教の根本理念」「中心思想」として一層強力に打ちだされてゆきます。

「中道思考」は時とともに、仏教教団を他の新興教団と差別化するための最大の看板概念に成長してゆきました。

ところが、ここにその「中道」がもたらすある側面、**生ぬるさ**に公然と異議を唱える動きが、ブッダの教団の内部から顕在化することになります。それがデーヴァダッタの叛乱事件でした。

デーヴァダッタは漢字で、**提婆達多**と書き、日本では、**だいばだった**と呼んで仏教史上最凶の悪人とされてきました。

それがどれほどの悪人かといえば、「ブッダを何度も暗殺しようとした男」というのですからこれほどスゴい凶悪犯もないわけで、**「仏教世界のユダ」**と呼ぶ人もいます。

ユダはイエス・キリストを銀三十枚と引き換えに売り飛ばし、刑死（磔死）に追いこむきっかけを作ったとされる直弟子ですが、イエスの死後あまりに神話的な粉飾がほどこされて「悪魔化」されたため、実像がぼやけたまま「記号化」してしまった。聖書学者や神学者によっては実在を疑う向きまででてくる始末です☞5。

しかし、神話的な粉飾の対象となったあげく「記号化」された点ではデーヴァダッタも同じです。その結果、ひたすら、**漫画的な「悪人像」**が増幅され、一人歩きするだけで、一体全体デーヴァダッタという人物が何を考え、どんな立場で何に反対したかがまるで見えにくくなってしまいました。

信じられない話に聞こえるでしょうが、デーヴァダッタの「実像」（らしきもの）が勝者がかれを閉じ込めた「歴史の暗闇」から引きだされ明らかになったのは、仏教の研究に近代的な文献学のアプローチが導入された明治以後の話です。

☞5
「イスカリオテのユダ」はその後、イエスが十字架にかけられたのを見て後悔、銀貨を返そうとしたが受け取ってもらえず狂い死んだ、という伝説が有名です。
「結論的に私はユダは実在の人物ではなく、裏切りの行為もなかったと考えるようになった」J・S・スポング『信じない人のためのイエス入門』富田正樹訳より。

ブッダが同時代の人々から後ろ指をさされたことはすでにのべた通りですが、デーヴァダッタは同時代どころかほとんど二千数百年の間、仏教史のなかで踏んだり蹴ったりのあつかいをうけてきました。

そういえば、これはわたしの最近の見聞ですが、樹木希林さんという個性的なベテラン女優がいます。若い頃から独特の存在感を放つ芝居をする人で、数年前にはご自身の「全身がん」を公表して話題にもなりました。

樹木さんの夫はごぞんじ「ロックンロール！」で有名なロック歌手で俳優でもある内田裕也さんです。これまた樹木さんとは違った意味で迫力のある存在感と破天荒な言動で鳴らす人ですが、お二人は長年にわたり不思議な「別居結婚」をつづけてきたカップルとしても知られています。

その樹木さんが出演した映画の宣伝をかねてスタジオでインタビューをうけるTV番組があり、たまたまわたしがそれを自宅でみていたときのことです。

話が樹木さんの御家族におよび、キャスターが「内田裕也さんは、樹木さんにとってどういう存在ですか？」という意味の質問をしました。すると樹木さんは「あの人はわたしにとって提婆達多みたいな存在です」と答えたのです。

ちょっと仏教をかじった人ならば、これを聞いて「あのブッダを殺そうとした提婆達多ねえ！」と思ったことでしょう。事実、わたしもそう思った一人でした。

が、面白いのはこのあとでした。樹木さんはそれに続けて笑いながらこんな言葉を付け加えたのです。


「わたし自身も提婆達多ですから」


それは文字通り、「自分のなかにも内なる提婆達多は住んでいるのだ」というニュアンスで語られ、ちょっとドキッとすると同時に樹木希林という女優さんの聡明さを感じさせる発言にもなっていました。

実際、「わたしのなかにもブッダはいます」という発言ならば普通ですが、「提婆達多がいる」と言われるとハッとしてしまう。なにしろ「天下の極悪人」、あの提婆達多だからです。

そんなわけで、提婆達多が現在もさまざまな形で生きている、生かされていることを実感する面白い機会となったわけですが、では、いったい提婆達多、いやデーヴァダッタとは何者だったのか？　どんな素顔をもつ男だったのでしょうか？

それは、ブッダとはそもそもどんな人物だったのか？　という本書の問いかけと対になる問題です。

そこで話のポイントとなるのは、さきにあげた、「**中道」の生ぬるさ**という言葉です。本章の冒頭の「中道」の語義のところでのべた通り、それは裸の仏教の創始者ブッダが打ち出した「ノン・コミットメント」、つまり「非関与」という考え方と表裏一体のものでした。

すでにみたように、ブッダは「悟り」の獲得のためには、**快楽主義**とともに、**苦行主義**からも離れることが必要だとしました☞6。

「離れる」というのは、くりかえしいう、「とらわれない」「コミットしない」という意味ですが、では、ブッダはなぜこの「ノン・コミットメント」を大切な立場としてかかげ、「悟り」に不可欠な基本方針としたのでしょうか?

これこそがデーヴァダッタを理解するうえで最大の急所となるポイントです。

「死後のことは死んでみなければわからない」がブッダの立場

結論からいえば、ブッダとデーヴァダッタ、この二人の立場の相違は、今も昔も変わらず人間が抱く最大の不安である「死の不安」への対処をめぐるものでした。

☞6
「両極端は似てくる」という言葉があります。苦行主義は大都市の快楽主義への反発の産物という点で両者は出自を同じくする兄弟同士でした。

「悟り」を得る目的が「生」にまつわる不安からの解放にあること、具体的にいうと、

「老い」
「病」
「死」

の不安に代表されるものだったことは、「成道」の実現についてカバーした第四章でみた通りです。

では、あらためて、**「死の不安」とは何だろう？** とその正体をさぐってゆくと、ここに一つの事実がでてきます。

それは、あたりまえのことですが、**「死後の世界」（あの世）がどうなっているのかわからない**、という事実です。

これは科学が高度に発達した今日でも変わらない厳然たる事実ですが、人間という生き物はその「わからない」ということに耐えることが苦手です。

そこでその空白を埋めようと「霊魂」とか「極楽」とか「地獄」、さまざまな「物語」を作り上げることになるわけですが、当時のインドではそうした「物語」を代表する

のが支配宗教ヒンドゥー教の、**輪廻《りんね》※の信仰**でした。
では、それに関してブッダが人々に示した解決はどんなものだったでしょうか？
それはあっけないほど単純明快なものでした。

死後のことは考えるな――なぜなら、死後のことは死んでみなければわからない。

あとでのべるように、輪廻といえば仏教の教えと受け取る向きが今日では多いようです。ですが、じつをいうと、ブッダ自身は、「輪廻はあるのかないのか」という議論には頑なに沈黙を守った。

この沈黙は哲学的には、**エポケー**※つまり「判断停止」と呼ばれるものです。その底にあるのは、「わからないことはわからないのだから関わるな」という議論、**経験主義※的**「**不可知論**」ですが、こうした「あの世」（「死後の霊魂」）の問題に対するブッダの「ノン・コミットメント」の姿勢、それは霊魂の可能性をめぐる弟子とのつぎのやりとりがよく伝えるところです。

修行者ウパシーヴァ「死んでしまった者は、もはや存在しないのでしょうか？」

※**輪廻**
サンサーラの訳。reincarnation.「流転」「生死」の漢訳語も。

※**エポケー**
古代ギリシャの懐疑主義哲学の用語。判断の差し控えという意味。

※**経験主義**
経験論に同じ。認識の源泉のすべてを経験に求める。この経験に感覚のほか行動の要素をふくめて考えるのがプラグマティズム。

ブッダ「死んでしまった者については知るよすががない。……あらゆるものが絶えたとき、そこに論じる手段はない」

『スッタニパータ』

そう、「あの世」についていくら知りたくても知る手段（「よすが」）はなく不可能というしかない。

にもかかわらずそれを知ろうとする行為（コミットメント）は、ただいたずらに死後の世界にまつわる疑心暗鬼を生む。**それはわれわれの「苦」を増すだけの無益なものにすぎない。**

『スッタニパータ』の別の文章は、そうした「ノン・コミットメント」の修行の結果「悟り」を得た修行者がいかに、「**死の不安からの解放**」を享受しているか、その幸福について強調します。

修行により「悟り」を得た者は、「この世」と「あの世」への執着を捨てる――ヘビが脱皮した古い皮を捨て去るように。

この「ヘビの脱皮」はインドでは伝統的に輪廻について使われる比喩だったのが面白いところですが、一方、「知りようのない世界を知ろうとする」ことへのブッダの徹底した拒否は「あの世」という未来だけにはとどまりません。
それは過去にもおよびます。

修行で浄化を得た者は、過ぎ去ってしまった自身の「過去」を思い出して悲しまないし、「未来」に対してくよくよすることもない☞7。

『サンユッタ・ニカーヤ』

この文章にいう「過ぎ去った過去」とはわれわれの「過去世」、「未来」とは「来世」をさしています。ここでは、ヒンドゥー教の「輪廻」という考えにとらわれることが愚かであるという立場がはっきりと説かれていることになります。
要するに、「輪廻をふくめてあの世という考え自体にとらわれるな」というわけですが、これに対し、「死の不安」を解消する手段として坐禅瞑想にはげむだけでは「強度」が足りないと主張したのがデーヴァダッタでした。
そしてそれはブッダにとって決して受け入れることのできない考えだった。

☞7
インドにおいて「浄」とは「罪業からの自由」のこと。外国人の見物人にはあまり衛生的に見えないガンジス河での沐浴が「清浄行」になるのはこのためです。インド的な「浄」観念は日本の寺のしきたりにも受け継がれています。

なぜか？

ブッダに引退勧告したデーヴァダッタ

さきほどデーヴァダッタについては神話的な粉飾があるばかりで実際に何を考えた人物かわからなくなったと書きました。が、それでも古い経典に散らばる記述を拾ってゆくと、この稀代の叛逆者の「リアル」が、断片的ながらも明らかになってきます。たとえば、デーヴァダッタはあるとき教団に対して五カ条の「改革要求」を突きつけたという次の記述がそれで、こんな内容からなる要求でした。

①修行者は山林のなかに住むべきである。人里に出入りする者は処罰するべきである。
②修行者は乞食（こつじき）によってのみ食を得るべきである。俗人から食事に招待されても応じるべきでないし、応じた者は処罰するべきである☞8。
③修行者はボロ切れをつなぎ合わせた粗衣のみを身につけるべきである。資産家から送られた立派な衣を受け取るべきではない。受けった者は処罰するべ

☞8 ブッダのサンガでは民家にあがり食事を共にしてもよいとされていました。「戸口で食を乞うことに徹しろ」というのがデーヴァダッタの立場です。

きである。
④修行者は樹下に坐して瞑想に励むべきである。みだりに屋内に入ろうしてはならない。入ろうとする者は処罰するべきである。
⑤修行者は魚や肉を食べてはならない。食べた者は処罰するべきである。

このうち「おや？」と意外な感じをあたえるのが⑤の「魚や肉」の摂取についての要求かもしれません。

日本では仏教の僧侶といえば昔からタテマエとしては「肉食禁止」ということになってきたからです。

が、実際問題として、日々の托鉢で鉢に盛ってもらう一般庶民の食べ物には当然肉が混じることになるわけで、これを一々やめてくれと言うことはできません。そこでインド仏教では、修行者はつぎの三つのケースをのぞいて肉を食することができるとしました。

①供された肉のもととなった生き物が自分のために殺されたものであることを見たとき。

②供された肉のもととなった生き物が自分のために殺されたものであることを聞いたとき。
③供された肉のもととなった生き物が自分のために殺されたものであることが疑われるとき。

今日のわれわれの目からみると「知らなければかまわないのか」といささか「ご都合主義的」な印象をあたえなくもない規定ですが、これは、開祖ブッダが戒律※一般に対してとった柔軟な態度を表すものだとして、一般には評価されています。

そして、デーヴァダッタはこうした方針を「生ぬるい」とみて、全面禁止を要求したというわけです。

ただ、これら五つの要求は一方で、デーヴァダッタが「出家者」として望んだものが何であったかを歴然とした形で伝える中身になっています。

そう、まさにそれは、**苦行主義への復帰**というブッダみずからが否定し、捨て去った立場にほかなりませんでした。デーヴァダッタがブッダが決して受け入れられない立場を唱えた、と前の節で書いたのはこのことです。

『ヴィナヤピタカ※』という古い経典によると、デーヴァダッタはこの五カ条を手に、

※戒律
戒と律は異なる。「戒」は自発的に戒めを守ろうとすることで、たとえ守れなくても罰則はない。「律」はまさにこの罰則に関する規定で、出家者にのみ課された。

※ヴィナヤピタカ
漢訳名『律蔵』。「ヴィナヤ」は「律」、「ピタカ」は「集めて整理したもの」で、律をまとめた広義の経典。

ある集まりの席上ブッダと対決を試みた。

それはマガダ国の王家の人々が臨席する大集会のさなかの出来事でした。

ある日、ブッダはマガダ国の王家の人々がいる集会の席で、大勢の修行者たちに説法をおこなっていた。そのときデーヴァダッタは座を立ち、ブッダの前に進みでると、合掌して言った。

「尊いお方よ。あなたはすでに高齢になられ、すっかりもうろくなさいました。あくせくするのはもうやめて、楽しくお暮らしなさいますように。あとは修行者の仲間についての指導を一切わたしにおまかせください」

言葉づかいは丁寧ですが、要するに公然たる引退勧告です。

ブッダはこれに対して答えます。

「もうやめよ、デーヴァダッタ。自分が修行者たちを率いる地位を得ようなどと二度と考えるな」

が、デーヴァダッタは引き下がりません。そして何度か「引退しろ」「しない」の議論がくり返されたあと、ブッダは最大限の嘲りの言葉を投げつけます。

「わたしは教団を最も信頼するサーリプッタやモッガラーナにも譲らなかった。ましてや、王子に取り入って媚びへつらっているおまえなどには譲れるものか」

ここにいう「王子」とは父親の国王ビンビサーラとそりが合わなかったマガダ国のアジャータサットゥ王子のこと。アジャータサットゥ王子は日本では阿闍世王（アジャセ王）の名で知られていますが、ブッダの言葉はデーヴァダッタのアジャータサットゥ王子への接近をあてこすったものです。

ブッダはかねてよりビンビサーラ王に慕われ、たがいに気心の知れた間柄でした。いま「王子に媚びへつらっている」と書きましたが、この部分は原文では「王子のよだれを食べている」という強い比喩表現が使われています。

『ヴィナヤピタカ』によると、デーヴァダッタは怒りのあまりその場を飛び出します。かれは「ブッダは国王や皆がいる前で私を罵った」と深い恨みを抱いた。

結局、これがかれをブッダ暗殺の陰謀に走らせる動機になったのだと『ヴィナヤピタカ』は記します。

くりかえされるブッダ暗殺計画

まえに、デーヴァダッタについては事実と悪意にもとづく粉飾が入り混じっていると書きました。正確には、粉飾のすごさから「事実」が完璧に隠蔽されている状態。そんなわけで、「ブッダの仏教」を探求するだれもが「事実」の確定のためには玉ねぎの皮むきのような苦労を強いられるわけですが、そのなかでデーヴァダッタについてておそらく「事実」の記述だろうと思われるのが、つぎの経典のくだりです。

ブッダを引退させることに失敗したデーヴァダッタは、象頭山《ぞうずせん》※の修行場に自分の息のかかった修行者を集めて立てこもり、気勢をあげた。

その際、デーヴァダッタ派の修行者とブッダ支持派の修行者の間で、

「ブッダはデーヴァダッタの名声を妬んでかれを追いつめた」

「馬鹿をいうな。デーヴァダッタこそブッダの名声を妬んで追い落そうとした」

という激しい応酬があった。

※**象頭山**
ガヤーシーサ山と呼ばれた岩山の漢訳名。

これだけ読むと何だか街の喧嘩とそう変わらない印象がありますが、象頭山というのはマガダ国内にある、ヒンドゥー教の聖地ガヤー市※の近辺の場所だったとされています。

このときデーヴァダッタの側についた修行者の数はさだかでありませんが、叛逆は当時のガヤー地区の支部の修行者のほとんどを手中におさめる規模に及んだと推定されています。

ブッダとしては、デーヴァダッタの動きがある日突然始まったものでもなく、かれが不満をくすぶらせていたことは事前につかんでいたようです。その際、信頼する側近の報告などから、ある程度の脱退者の出現は覚悟していたでしょうが、教団の存続に関わるほどの大事になるとは想定の外だったかもしれません。

ブッダと腹心たちは早速挽回策を迫られることになった。

これが仏教史上に名高いデーヴァダッタによる叛乱事件です。

このお家騒動の結末がどうなったか？

それは、デーヴァダッタが「極悪人」としてその後葬り去られた運命をみれば明らかでしょう。

※**ガヤー市**
三蔵法師玄奘（六〇二〜六六四）は、七世紀前半インド滞在中に象頭山とともにこの地をおとずれた（『大唐西域記』）

このときブッダの意を体してデーヴァダッタ一派の切り崩しに大車輪の活躍をしたのが、懐刀のサーリプッタとモッガラーナでした。

経典の記述によると、

デーヴァダッタの蜂起を知ったブッダは、この二人の知恵者を修行者の説得のために急きょ象頭山に送りこんだ。ブッダの思惑通り、分断工作は上手くゆき、デーヴァダッタにつき従っていた修行者の大半が続々と説得に応じてブッダのもとに帰順した。それを知ったデーヴァダッタは口から熱い血を吐いた。

子飼いの仲間を失ったデーヴァダッタは、石もて追われる身として象頭山を退去することになります。ここで「熱い血を吐いた」というのは憤怒のあまり狂乱したことを意味する当時の定型表現ですが、デーヴァダッタが大いなる挫折感を味わったことは疑いがありません。

ただ、このデーヴァダッタによるクーデターの失敗と追放は、ブッダの教団にとって、「**中道**」**路線の実質的勝利**を意味しました。わざわざ「実質的」と書いたのは、ブッダの生前には「中道」という表現はあまり使われず、師の唱えたバランスのとれた立場を表わすスローガンとしてそれが大々的に用いられだしたのはかれの死後のことだったからですが、いずれにせよ、「**歴史は勝者によって書かれる**」という格言通り、「苦行主義者」デーヴァダッタは教団が「間違って」生み落とした悪魔あつかいされてゆく。

ブッダの死後におきた神格化の進行は、デーヴァダッタの「極悪人伝説」の物語を巨大な尾ひれとともに深化させてゆくことになります。

それらの物語はまさに荒唐無稽を地でゆくものですが、具体的に紹介すると、

教団の「合法的」な乗っ取りに失敗したデーヴァダッタはその後錯乱のあまりブッダの殺害をくわだてた。ブッダが修行場の岩山に登るのを待ちうけたかれは、斜面の上から大きな岩を投げ落とした☞9。それでも足りず、マガダ国の象使いたちに手を回し、気性の荒い巨象をけしかけて往来中のブッダを踏みつぶさせようとした。あげくの果てには、自分の両手の十本の指の爪に毒を塗り、ブッダの居室の床下に忍びこんで引っ掻こうとした。

まさに獅子奮迅の活躍ぶりですが、経典の伝えるそのてんまつはというと、

☞9 修行場の岩山とは竹林精舎の近くにあった鷲峰山のこと。ブッダが最も頻繁に瞑想修行をしたお気に入りの場所で、人生最後の旅にでる前もこの山に滞在した。

このとき斜面から投げ落とされた岩はデーヴァダッタの悪行を察知したそばの二つの山の峰が相寄って身をもって落下をはばんだのでブッダはかすり傷ですみ、また巨象は猛然とブッダに襲いかかったものの、聖人ブッダの「大いなる慈悲」に打たれて鼻を垂れてすごすごと引きあげた。毒爪事件の際はブッダを傷つけるまえにデーヴァダッタ自身がその毒にあたって病気になってしまった。

というあるときは壮大な神話仕立て、あるときはまぬけな形で幕引きとなっています。ともあれ今日の研究者で、これらの記述を真に受ける人はまずいません。

デーヴァダッタの叛乱騒動がいつ起きたのか、例によって経典の記述からははっきりしません。ただ、デーヴァダッタがブッダに発したとされる、「**あなたは高齢でもうろくしたのだから、楽しくお暮らしなさい**」という台詞からみてブッダが隠居してもおかしくない年代、晩年頃に起き、さらにこの頃まだ生きていたマガダ国王のビンビサーラはブッダの生前にアジャータサットゥ王子（阿闍世王）との不和がもとで獄死をとげた人物なので、それに先立つある時期だったと推定されています☞10。

☞10
父国王の愛情を疑ったアジャータサットゥ王子がかれを城の牢獄に幽閉して餓死させ、母の王妃も投獄して王位についた事件です。親鸞も非常な関心を寄せました。精神分析学者の古澤平作（一八九七～一九六八）はこの逸話をもとにフロイトの「エディプス・コンプレックス」と対照させた「罪悪意識の二種—阿闍世コンプレックス」という論文を執筆し、一九三二年にフロイトの許に提出しました（『日本人の阿闍世コンプレックス』小此木啓吾）

中道です。
ぬるい！

シャカ一族の滅亡に冷淡だったブッダ

デーヴァダッタは敗れました。かれが反逆の狼煙をあげた象頭山の修行場は無事ブッダの手にもどり、デーヴァダッタは仏教史の表舞台から行方を晦《くら》まします。

面白いのは、「デーヴァダッタ伝説」が伝説のオチとしてその後、**「聖者ブッダの殺害を企てたデーヴァダッタは、その報いにより、生きながら地獄に落ち、塗炭の苦しみを味わった」**ことにし、しかもサーリプッタとモッガラーナが仲良く地獄に足を運んでその事実を確認し、帰って修行者仲間に報告したという神話まで作りあげたことです☞11。

『ジャータカ』所収の説話物語のなかにはデーヴァダッタがしょっちゅう登場しますが、そこでのかれは前世でもブッダを殺そうとしたガンジス河のワニだったとか他人をだますことしか頭にないサルだったとか身の程知らずの傲慢から破滅したカラスだったとかさんざんの描かれ方をされます。

輪廻とは前世と来世（あの世）をつなぐ原理です。

ブッダが「あの世」について「死後のことは死んでみなければわからない」という「不可知論」の立場をとったこと、それにもとづき「死後についての

☞11
前出の日本映画『釈迦』では、勝新太郎のデーヴァダッタがヤショーダラーを犯し自殺させるというとんでもない場面が登場しました。タイやミャンマーからの抗議をうけて、現地では場面修正のうえ上映されました。ただし、デーヴァダッタがかつて恋のライバルとしてブッダとヤショーダラーを争ったという神話はインドの仏教徒がこねあげたものです。デーヴァダッタがアジャータサットゥ王子を煽動して父国王を殺させたという極悪神話まであります。

議論には関わるな」と「ノン・コミットメント」を根本方針としたことはすでにみた通りです。

輪廻を貫く原理の裏打ちとなるものが、**「前の世の行いの善し悪しが後の世の人生の善し悪しを決定する」**という因果応報の法則です☞12。

ここにいう「行い」はカルマ（karman）のこと。

のちに中国で、**「業」**と訳されましたが、業の死後相続という発想がブッダのとった来世にまつわる、**判断停止**いいかえると、**ノー・コミットメント**の姿勢に反するものであったことはいうまでもありません。

結局、ここにみてとれるのは、ブッダの死後、教団の拡大の過程で起きることになった、**仏教の変質の姿**です。一般の庶民は昔も今もわかりやすい道徳の教えを好みます。「前世の善きふるまいが善き結果を生む」という「因果応報」の教えは、ほかならぬ信者の獲得を望む教団の運営者たちから民衆教化に役立つ有効な手段とみなされた。

この「有効な手段」を仏教用語では、**方便**《ほうべん》と呼びます。やがてこの「方便」は「極楽・地獄」という考えと手を携えて、大手を振って仏教にとりいれられてゆくことになります。その徹底ぶりは、「輪廻は仏教の教え」が仏教国日本の人間の「常識」になったほどです。

☞12 これは自分自身の悪行が後の世の自分に及ぶ徹底的な自己責任の思想です。「親の因果が子に報い」という日本式の理解は完全な誤解で、外国の輪廻研究者の注目を浴びています。

ブッダの晩年、かれの身を見舞った大きな出来事としてはほかに祖国シャカ国の滅亡があげられます。

滅亡のきっかけはシャカ国の宗主国だった大国コーサラ国による侵略でした。

侵略の原因は、交流のあった両国の王家の利害の対立、確執にあったようですが、これまでたびたび引用した『ジャータカ』はそれについてこんな話を伝えています。

ときのコーサラ国王はたまたまシャカ国の卑しい身分の女をめとることになり、妃の一人とした。妃はヴィドゥーダバという王子を生んだ。ヴィドゥーダバ王子は十六歳になったとき、母の故郷であるシャカ国を訪問したが、シャカ族の人々は、

「あの男は王子を気取っているが、本当は卑女の腹から生まれた子だ。あいつの座った椅子は汚れているので手で触れるな」

と口々に嘲笑した。

ヴィドゥーダバは非常に誇り高い少年で、このとき受けた屈辱を決して忘れなかった。

わたしがいつか王位についたならば、見ていろ。シャカ族ども全員の喉笛を掻き

切り、その血でわたしがかつて座った椅子を洗い浄めてやろう。
と復讐を決意した。

右の話がはたしてどこまで真実を反映しているかは不明ですが、実際に後年、国王の座を引き継いだヴィドゥーダバは、みずから精鋭の四軍——巨象部隊、戦車部隊、騎兵部隊、歩兵部隊からなる——を指揮してシャカ国に乱入することになります。

ある経典の註釈書は、そのときの有様を、「**この日ヴィドゥーダバ王はすべての乳飲み子をはじめとしてシャカ族の一族を皆殺しにして、文字通り味方の盾を彼らの咽喉の血で洗い浄めさせた**」と伝えています。

一族の人々は河原や湖で隠れる場所もなく次々と殺されていったとありますから、あるいはローマ帝国がカルタゴにおこなったような徹底的な殲滅戦だったのかもしれません。

では、肝心のブッダはこのときどうしたか?

ブッダは面識のあるヴィドゥーダバに二三度思いとどまるように言ったものの、結局その後一切の働きかけを放棄することで、シャカ族の虐殺を放置してしまいました。

まさに超然とした対処の仕方ですが、これほどの大事件にもかかわらず、古い経典はブッダのふるまいはおろかシャカ国の滅亡自体についても沈黙をきめこんでいます。

その理由については不明だとされていますが、結局、どう書いたところで「あんまりだ」という印象をあたえる結果になることを怖れたからではないでしょうか。

ただ、この事件は経典にまったくでてこないかというと、そうでもありません。

ブッダがこのように祖国を「見捨てた」理由について、かれが「**シャカ族の宿縁すでに熟す。今まさに報いを受くべし**」すなわち「シャカ一族が前世で行った悪業の結果が他国による侵略なのだから、かれらはその報いを受けねばならない」と考えていたためだとのべる経典もあります。

これまた文句のつけようがない「輪廻」思想（＝因果応報思想）による理屈づけですが、これはこれで、「ちょっと冷たすぎませんか」と思えることも事実。

ただ、ブッダがこのとき演じた「究極のノン・コミットメント」を合理化するうえで、「輪廻」が経典の書き手たちにとって格好の理屈づけの道具を提供できたこともたしかです。

仏教は、ブッダの死後、大きく変貌をとげます。変貌が加速するなかで誕生したのが開祖ブッダの「神格化」の現象でした。

やがてそれが時の流れのなかで、ヒンドゥー教の神々まで引き据えた壮大な神話へと成長をとげることになったことはすでにのべました。が、それは、本書が語るブッダ、紀元前六世紀にシャカ国に生まれ育った、仏教の創始者であるブッダにはまったく関わりのない話です。

一般に「神」の最大の属性は文字通りの「不死」にあります。それは、いつでもどこでも、すなわち時間と空間を超えて生き、存在しつづけるからこそ「神」と讃えられることになるわけです。

さて、第二章で、仏教史に現われるブッダには、**実際のブッダ**と経典の作成者たちの**伝えたいブッダ**の二つがあると書きました。

後者は「不死」の、つまり「神」としてのブッダにほかなりません。

だが、弟子たちのあらゆる願いにもかかわらず、前者のブッダ、つまり裸のブッダはすべての人間と等しく「死」の法則をまぬがれませんでした。そしてまさにその事実が「その後の仏教」にさまざまな遺産を残すことになります。

コラム

極楽にも地獄にも無関心だったブッダ

輪廻の前提になるのは霊魂の不滅という考え方です。

インドではブッダの死後五百年ほどたった紀元前後に革新派の大乗仏教が生まれました。この大乗仏教を輸入した日本の仏教界は、古代以来、貴族中心の国家仏教の枠をなかなかでようとしなかった。それを「堕落」とみて改革のノロシをあげたのが、鎌倉仏教の宗祖たちです。

その一人で禅宗の曹洞宗を開いた道元は、霊魂の不滅について聞かれて答えています。

「そのような考えを仏教だと思うのは瓦や石ころを黄金の宝とみるよりもっと愚かだ。愚かすぎて恥ずべきことこのうえない。人は生まれて死ぬ。この事実をうけいれるところ以外に悟りはない」

また、これも同じ鎌倉時代の日蓮宗の宗祖・日蓮は、ある尼僧あての手紙のなかで、「地獄は地下深くに、極楽は西の彼方にあるという見方がある。が、よく考えてみれば、地獄も極楽も、われわれの心のなかにあるのだ」とのべ、地獄や極楽が客観的にどこかにあるという「外在説」を否定しています。

さらに、こちらは室町時代のお坊さんですが、禅宗の臨済宗の有名な禅師に一休がいます。

その一休の説法をまとめたとされる法話集にも右と同様の言葉がでてきます。

「極楽浄土も地獄もどこにあるのかといわれれば、自分自身の心のなかにある」と。

大乗仏教のなかでも禅宗が霊魂の不滅やあの世に否定的だったのは事実で、室町末期に来日したイエズス会の宣教師のフロイスは、その覚書のなかで指摘しています。
「われわれキリスト教徒は来世の栄光と罰および霊魂の不滅を信じている。禅宗の坊主たちはそれらをことごとく否定し、生まれて死ぬこと以外に何もないと考えている」

霊魂の行方について不可知論をとなえたブッダがその行き場所である地獄や極楽に無関心だったのは自然な話だったというほかありません。

インド仏教は、本章でみたように、ブッダの死後、「あの世」関連の「地獄」「極楽」といった考えをとりいれることになった。第一章のコラムでのべた仏教の「ヒンドゥー教化」現象がそれですが、この点については第七章のコラムであらためておさらいします。

「輪廻」は人間が鳥や動物に生まれ変わることを主張するため「非科学的」の一言で片づけられがちですが、「生命の連鎖」という点にかぎればあながちそうともいえないのが面白いところです。

これは分子生物学者がよく言うのですが、人間が火葬されるとその成分の96％はH_2OやCO_2の分子となって大気中に拡散する。ところが、H_2OやCO_2は太陽の光の下で光合成をおこし、炭水化物となって植物の主成分になる。その植物（米や麦、果物）を食べて、われわれ人間は生命を保ち、そして死ねばH_2OやCO_2の分子となって大気中に拡散し、とまさに永遠の生命の連鎖そのものです。

ただ、ヒンドゥー教の輪廻説は、この近代科学が認定した「科学的事実」に霊魂という「人格の主体」を合体させた。ブッダはそれを事実上否定し、日本の道元や日蓮、一休は、仏教変貌の長い歴史のすえに、あらためて「ブッダの原点」を再確認することになった、というわけですね。

第七章

ブッダ、旅の夜に死す

――沙羅の樹の下の別れ

「ブッダは実在しない」は本当か？

神は死なない。
が、ゴータマ・ブッダは死んだ。

「ポスト・裸の仏教」、すわち「ブッダ以後の仏教」はこの二つの間の「ギャップ」をいかに埋めるか——その「苦闘」とともに始まりました。

今日われわれ日本人が一般に考える仏教は「ブッダの仏教」とは明らかに異質なものです。日本がブッダの死からほぼ千年後に仏教を輸入した頃、教えの内容がすっかり様変わりしていたことは、まえにふれた通りです☞1。

実際、日本仏教はブッダの死後の「変貌」の成果、それがもたらした「ブッダの仏教」との隔たり自体を具体化する仏教であるという言い方すら可能なほどです。

仏教のほか世界の各宗教に精通した宗教学者の島田裕巳※は、仏教におけるブッダの位置づけの問題を論じた最近の著書のなかで、

※**島田裕巳**
一九五三〜。『神も仏も大好きな日本人』他著書多数。近年は遺骨を引き取らず火葬場に処分をゆだねる「0葬」の提唱で話題に。

☞1
日本は六世紀に大乗仏教を受容したのに続き、平安初期には空海（七七四〜八三五）が留学先の唐から本格的な密教を持ち帰り真言宗を開きました。大日如来を崇拝対象（本尊）とし、呪文を重視する宗派です。

（ゴータマ・）ブッダは実在しない。
簡単にいえば、結論はそういうことだ。
ブッダは実在の人物ではなく、一つの観念であり、その観念から人物としてのブッダが生みだされていった。

『ブッダは実在しない』

と書いています。これは表現こそショッキングですが、本書でのべてきた「実際のブッダ」と経典の作成者たちが考える「伝えたいブッダ」の間の矛盾をずばり衝いたものです。

わたしは本書を通じて前者のブッダについてその人生の「節目」に焦点をあてて筆を進めてきました。その「節目」のなかには古い経典が情熱をこめて語りたがったこともあれば、逆に語りたがらなかったものもありました。

一方、ブッダの死は、仏教の歴史にまぎれもなく大きな「亀裂」――「永遠の傷跡」といってよいほどの――を走らせました。仏教の歴史はこの「開祖消滅」の事件を境に明らかに流れを変えます。ブッダを失った後の仏教、「ポスト・裸の仏教」とは一言でいえば、島田のいう「一つの観念」としてのブッダがひたすら肥大してゆく歴史となった。その結果、仏教の教えのあまりの変貌ぶりは、くだけた表現を使えばブッダ自身にとっても、**聞いてないよ**というべき中身をもつことになりました。では、そうした変貌はなぜ発生したのか？「裸の仏教」は変貌を強いられることになったのでしょうか？

その背景となったのは、開祖ブッダの死とそれが直弟子たちにもたらした精神的な衝撃でした。

これからのべるのは、その死のいきさつについてです。

「出家」と「在家」の差は絶対的

ここに、『**大パリニッバーナ経**※』という経典があります。この古い経典は現在前出の中村元博士の訳したものが岩波文庫の一冊におさめられています。

中村本は『ブッダ最後の旅』という意訳方式のタイトルを採用していますが、それが示す通り、ブッダの死の直前の日々についてつづったのがこの経典です。

仏教の経典が「伝えたいブッダ」の描写への情熱から神話的な粉飾に満ちたものになるのが普通であること、「その後の仏教」として成立してゆく経典ではとくにそれ

※**大パリニッバーナ経**
漢訳名『大般涅槃経』。「パリ」は「完全な」、「ニッバーナ」は「涅槃」の意味。大乗仏教に同名の経典があるのでご注意を。前者はパーリ語、後者はサンスクリット語で書かれている。

が目立つことは、すでにみた通りです。

ところが、この『大パリニッバーナ経』にかぎっては、おきまりの粉飾のなかにもどこか、**記録文学**の筆致を感じさせる例外的な雰囲気をたたえている。

その理由についての説明はあまり聞いたことがありませんが、結局、生身のブッダの「肉体的消滅」という圧倒的な「事実」のもつ力がそれを物語ろうとする僧侶たちの神話的造形のエネルギーを殺ぐ形で作用したせいではないかとわたしは考えています。

僧侶といえば、ブッダの「脱俗」の精神を最もよく表し、サンガの発足以来かれらが一貫して守ったのが「出家者」と「在家者《ざいけ》」(在俗の信者)の間に厳しく差別をもうける、**出家中心主義**でした。

本書でたびたび引用した古い経典集『スッタニパータ』は、「理想的な出家者」(聖人)とは何かについて語るブッダの言葉を伝えます。

たった一人で歩み、修行を怠らない者、世間の非難や賞賛に心を動かされず、また物音に驚かないライオンや網にとらえられない風、泥水に汚されない蓮のように他人に導かれることなく、他人を導く者――あらゆる賢者はかれを「聖人」であると知る☞2。

一方、こうした「出家者」に対して「在家者」はあくまで次元の違う、劣った者とみなされます。

在家者と出家者は住む場所も暮らしぶりも異なっている。在家者は妻を養うが、出家者は「わが家族」なるものに執着がない。在家者は節制することなく他の生命を奪うが、出家者はよく節制して生命あるものを守る。

これだけ読むと、その奪われた生命を食して生命を維持する点出家も在家も五十歩百歩なのでは？　と突っ込みたい気にもなりますが、それは慎みなき不埒者の感想。「ブッダの考え」において「出家」と「在家」両者の間には乗り越え不可能な違いがあり、それは絶対的なものというしかなかったようです☞3。

たとえば青首の孔雀が飛んだところで白鳥の速さに決して及ばないよ

☞2
泥水に汚されない蓮は理想的な修行者を示す仏教の定番的な比喩です。「蓮華の水に染まらぬがごとく、今ここにかれらは大地を裂いて集まりきたる」（『法華経』）、「世間に着せざること蓮華のごとく常によく空寂の行に入る」（『維摩経』）

☞3
初期の仏教では救済されるのは出家者のみであることは自明視されました。このエリート主義の克服をめざしたのが大乗仏教運動です。

うに、在家者は、俗世を離れて森のなかで瞑想し乞食をする出家者たちに決して及ばない。

ブッダはどんな葬式を望んだか？

日本のお坊さんは遅くとも平安の末期から妻子をもつことが常態化した世界でも珍しい「仏教国」であること、なぜそうなったかについて定説はないこと、その理由の探求をテーマとした研究書が何冊もでていることは第三章のコラムでふれた通りです。いずれにせよ、これは日本仏教の有名な、**在家中心主義の伝統**として大いに論議されてきたものです。大乗仏教は「出家」と「在家」の間にブッダが引いた「絶対的な」一線を相対化する志向をもつことになりましたが、なかでも「妻帯」を当然視した日本人は仏教圏において大乗仏教の「極限型」を際立って追求した国民だという言い方もできるかもしれません（もっとも、追求しすぎて「本来の仏教」からの大脱線を演じる結果になったという評判も一部にはありますが）。

また、日本仏教の「在家中心主義」はお坊さんが堂々と在家信者の葬式を司る、「**葬式仏教**」の姿にもよく示されています。実際、ブッダの時代、出家者は、その在家信者が生前どれほど熱心な仏教徒だったとしても、葬式には一切関われませんでした。在家者は、その所属するカーストごとに定められた葬儀の儀式によって自身の遺骸の始末をおこなうしかなかった。

インドにおける「俗世」はブッダの頃からすでにカーストの社会でしたが、出家者が在家の葬儀に関わることは各カーストの定めた、「**穢**《けが》**れ**※」にコミットするものとして強く忌避されました。

葬式でお経を読むことがお坊さんの「一番の仕事」とされている日本では考えられない話ですが、「裸の仏教」の当時、出家と在家の区別はこれほど厳格なものでした。面白いことに、『大パリニッバーナ経』には死期を悟ったブッダが侍者のアーナンダに自分の遺骸の始末について指示する場面がでてきます。ブッダはこんなことを口にしています。

おまえたちは、私の遺骸の供養に一切関わるな。そんなことはせず、自分自身の目的（修行生活の完遂）のためだけにはげみ、努力するように。

「出家者」にとって死体の処理など本来どうでもよいことなのだというブッダの考え

※**穢れ**
宗教的な不浄のこと。日本では神道が死者の穢れを主張したため、仏教が死者の弔いを引き受けることになった。

をよく伝える言葉です。

一方、「家族」という人間社会の基本集団にとって、「葬式」が最も重要な意義をもつ儀式であることはいうまでもありません。それは、今日の日本で、明治以来の伝統的な家族の形態のなし崩し的崩壊が葬儀を行わない「直葬」の増加をまねいている一事からしても、明らかでしょう。

「誕生」と「死」をめぐる体験の共有は、家族が家族であることを確認するために欠かせない場となりますが、ブッダは、「**生も死もどうでもいい**」境地の獲得を自身の教えのゴールにおく立場。葬式を軽視したとしても不思議ではないでしょう。

ただ、もし日本仏教が初めからこのブッダの教えを忠実に実践していたらどうだったか？

仏教がこれほどわが国の伝統文化に深く浸透することになったかは、きわめて疑問といわねばなりません。

侍者とガンジス河を渡って祖国へ

さきほど、ブッダが自身の死期を悟ったと書きました。

『大パリニッバーナ経』はブッダの人生の最後にまつわるエピソード、八十歳になったかれが侍者であるアーナンダを介添え役にでた旅の詳細について記します。

季節は春、旅の起点はブッダが竹林精舎《ちくりんしょうじゃ》をかまえたマガダ国の首都ラージャガハでした。

成道後まもないブッダがのちにかれに帰依する国王と出会うことになった思い出の都でしたが、ブッダは結局、この旅の途中で重い病を得て死をむかえることになります。

『大パリニッバーナ経』は、開祖の神格化の文法にもとづいてブッダ最後の日々のあれこれを詠嘆と感傷をこめて語ります。

ただ、その一方で、**肝心の旅の目的**については、なぜか一言もふれていません。いったいどうしてなのか？　それがわれわれの最初の疑問点です。

ブッダが教祖としておこなう説法の旅には多くの弟子が随行するのが常でした。が、今回の旅の場合、終始つき添ったのはおそらくアーナンダ一人だった。ここから、ごく私的な色彩をもつ異例の旅だったことがわかります。

また、二人の通過した道筋は、その最終の目的地がシャカ一族が皆殺しにあったかつての祖国の地であったことを明らかに示唆しています。

にもかかわらず、この経典は目的地を一切明示していません。これについては、目的地がブッダの故郷の地であることが書き手にとって自明のことだったからだという説もありますが、わたしは疑いを抱きます。

本当は、書きにくかったからではないか？

実際、妻や両親ともどもも祖国を見捨ててかえりみなかった「脱俗の人」ブッダがいまはのきわに見たいと望んだのが生まれ故郷の風景だったと聞けば、皮肉な感慨を抱かない者はいないでしょう。

今日の読者ですらそうですから、シャカ国滅亡の記憶がまだ生々しい当時としてはなおさらだったはずです。

五十一年前、二十九歳のブッダは、ヒマラヤの麓近くの祖国を、血を分けた一族、慈しむべき人民もろともに捨て去りました。それがブッダという人物の後ろ指人生の始まりだったことはすでにのべた通りです。

ブッダはそのとき五百キロあまりの道のりをものともせず、ガンジス河を越えて南方の大国マガダ国のラージャガハにたどり着きました。やがて祖国は空しく滅亡し、自身が将来国王として率いるべきだった一族は虐殺の悲劇に見舞われます。半世紀以上たったいま、こんどはその深い因縁の地へと路をたどろうというわけです。

結局、これは八十歳をこえ、最期の時が近づいたことを感じた一人の「普通の老人」

が思いついた、**センチメンタル・ジャーニー**だったのでしょう。そこに「裸のブッダ」を突き動かす人生の感慨はあったかもしれません。が、教祖ブッダの精気にあふれた姿はもはやなかったのです。

ラージャガハをでたブッダは、ガンジス河の手前のナーランダー近辺を通過します。そこはサンガを支えた二人の側近、サーリプッタとモッガラーナの出身地でしたが、サーリプッタは病死し、モッガラーナもまた、ラージャガハの市内を托鉢中に異教徒にリンチを受けたときの傷がもとで死に、二人ともすでにこの世の人ではありませんでした。

やがてガンジス河の畔にきたブッダはアーナンダの雇った筏で北岸へ渡ります。それはこの四十五年間、説法のたびに数えきれないほど渡ってきた河の渡しでした。が、いまそばにひかえるのはアーナンダただ一人。その寂しさは皮肉にも「人間嫌い」ブッダの最期にふさわしいといえなくもなかったかもしれません。このときガンジスの河風のなかでブッダの胸に去来した思いはなんだったでしょうか。

筏といえば、ブッダ自身の教育者としての個性を明かすものとしてよく引かれるものに、何度か紹介ずみの『マッジマ・ニカーヤ』が伝える、**筏《いかだ》のたとえ**という有名な説法があります。つぎのものです。

わたしの説く教えは、苦しみ多き「この世」という激流を渡るために組み立てられた筏のようなもの。いったん激流を渡れば、それは捨て去られねばならない。それなのにいつまでもそれを背負っていこうという者がいれば、愚かなふるまいというほかない。

これは教祖ブッダが発揮したリアリズム、あるいは「プラグマティズム」の例としてよく引かれる説法ですが、同時に、わが師の教えに盲目的にすがろうとする弟子たちを前にブッダがおぼえた困惑や嫌悪を伝えるものだとみることもできるでしょう☞4。同じように、ブッダが過度の「尊師崇拝」を警戒した証拠としては、これもすでに引用した『サンユッタ・ニカーヤ』にでてくる、ブッダの教えとブッダ本人との関係について弟子に語った話があります。

わたしのような聖人と呼ばれる者たちがこの世に出現しようともしなくても、わたしの説いた真理（「法」）は定まったものとして存在する。わたしは、ただ、そうした真理を悟った人間として、それを人々に詳しく説いて明らかにしようとする。

☞4
ブッダのプラグマティズムを示す例として他に、「宇宙の起源」について問うた修行者にブッダが「そんな質問は毒矢に苦しむ人間が医者に向かって治療も受けずに弓矢の材質を問うのと同じ。苦の除去と無関係」と回答を拒んだ「毒矢のたとえ」の逸話が有名。

そして言うのだ、「あなたたちは、わたしを見よ」と。

要するに、ブッダの説く真理はブッダ個人が生まれようが生まれまいが「客観的な真理」としてとっくの昔から存在しており、自分はそれをつかんだ一人、世間がいうところの「聖人」の一人としてその解説と宣伝にあたっているにすぎない、というたって醒めた趣旨の話です。

また、ブッダという人物には弟子が寄せる崇拝をうっとおしがるところがあり、さきに引いた『ダンマパダ』の註釈書を読むと、ブッダにまつわるこんな逸話がでてきます。

あるとき、一人の修行者がいた。かれは師であるブッダの人となりに魅せられるあまり、ただブッダのみを見つめて毎日を過ごしていた。それに気づいたブッダは、この修行者にむかってこのようにさとした。

「いいですか。わたしのこの顔をいくら見つめたところでどうなるものでもありませんよ。あなたはまず、わたしではなく、わたしの説く教えそのものに目をこらしなさい」

そういえば、大学の教室などでいませんでしたか？　憧れの先生の講義で最前列でノートをひろげ、おじさんジョークの言葉までいちいち記入したり、うっとりと先生を見つめてばかりいる学生——おそらく、ブッダの生きた二千五百年前のインドにも似たようなガチ勉タイプ（？）の弟子がいたのでしょう。しかし、それはブッダにとって有難迷惑な生徒だった。

これは、「真理」をブッダ個人の上におくことでブッダへの個人崇拝を戒めた、あるいはブッダの「合理主義的な」資質を物語るものとして引かれてきた逸話です。

もちろんそう考えてまちがいがないわけですが、ただ、ブッダがわざわざこういう戒めを口にしなければならなかったこと自体、ブッダをやみくもに「法」の化身とみたり、「生き神様」のようにあがめたがる傾向をもつ弟子たちがかれの生前から登場していたことを明かすものだといえるでしょう☞5。そしてそれはかれらがブッダの手塩にかけた弟子であるがゆえにブッダを困惑させることになったのです。

☞5
結局ブッダの死後数百年後に始まった仏像の製作はこうした庶民の欲求を満たすためのものでした。

絶世の美女アンバパーリーとの交歓

ブッダは長年の侍者のアーナンダと二人、ガンジス河を渡りました。こうして故郷への道をたどるブッダの姿を伝える『大パリニッバーナ経』の底に流れる基本的なトーンは、大なるものであれ小なるものであれ形あるものは滅んでゆくという、「**無常観**」です。

ブッダのなかに若い頃から棲み着いて離れなかったもの、それは、「**だれもが皆、いつかは老い、病み、死んでゆく**」というぬぐってもぬぐいきれない感慨でした。その「無常観」が、ここへきてブッダの最後の日々を覆いつくすように、湧きおころうとしている。

ブッダはいつのまにか八十歳の老人でした。

かれは天性の洞察力と情熱でサンガを育てあげたが、そのサンガもまた変質をまぬがれませんでした。

たとえば『大パリニッバーナ経』には、つぎのような一人の在俗の女性をめぐる逸話が登場します。

彼女は「仏伝」に親しんだ人間の多くに強い印象をあたえる仏教史上屈指の美女と

して知られた人物です。

文中、ヴェーサーリー※とあるのは、ガンジス河を渡ったブッダたちが荷を解いた町の名です。


この日、ブッダはアーナンダに告げた。

「さあ、アーナンダよ。ヴェーサーリーへ行こう」

「かしこまりました」

と若きアーナンダは答え、かれらはヴェーサーリーへおもむいた。

同じ頃、ヴェーサーリーに住む遊女アンバパーリー※は、

「ブッダが町にきてマンゴー林にいるらしい」

という噂を耳にした。

そこで彼女は早速、美しく飾りたてた車に乗り、マンゴー林へおもむいた。

ブッダは彼女にありがたい説法をほどこした。

アンバパーリーは、

「明日、あなた様をぜひ私の家に招待したい」

と申し出た。ブッダは同意した。……

※**ヴェーサーリー**
ガンジス河の北側一帯の商業の一大中心都市。大乗仏教の対「小乗」闘争の宣言書ともいうべき戯曲形式の経典『維摩経』の舞台ともなった。

※**アンバパーリー**
漢訳名は菴婆波利。両親のわからない捨て子で、ヴェーサーリー郊外のアンバ林の番人に拾われ育てられたことからの名。

自宅に帰ったアンバパーリーは夜の間にさまざまなおいしいごちそうを準備させた。
翌日ブッダが姿をみせると、ブッダに献身的に給仕をして、美味なる料理で大いにもてなした。

この遊女アンバパーリーは、在家の身でかねてからブッダに帰依した信者の一人でした。文中のマンゴー林は彼女の所有地だったといいます☞6。

端麗で、目鼻立ちすぐれ、蓮華の花のような華やかさをたたえ、踊り、歌、音楽を得意とする。

と経典が語る、ヴェーサーリーで知らぬ者のない高級娼婦でした（『ヴィナヤピタカ』）。彼女はのちに出家して、尼僧の仲間に加わります。

そしてこの尼僧たちの出現ほどブッダのサンガの変質を物語るものはなかったでしょう。尼僧、すなわち女性の出家を迎え入れること自体が、「裸の仏教」が登場したこの当時、「男性中心主義」が当然のように幅をきかせる世界の宗教のなかで非常

☞6
アンバパーリーの行くところ富裕者が集まり湯水のようにカネがばらまかれました。ヴェーサーリー市の経済的繁栄に大変貢献したと書かれています（『ヴィナヤピタカ』）。彼女は一時期個人所得が市でトップになりました。

に「先進的」といえる試みでしたが、ブッダは当初、この企てに反対だったようです。

もし男だけの教団ならば仏教は千年はつづく。女性の出家を許せば、教団は五百年で終わる。

と尼僧受け入れをめぐるかんかんがくがくの議論のなかでブッダがのべたという言葉が残っています。

今ならば女性蔑視として「炎上」すること必至の問題発言ですが、結局、教団の反対の多数意見を押し切る形で尼僧の誕生を許したのには、アーナンダの尽力が大きかったようです。ブッダをはじめ他の幹部たちが渋面をつくるなかで「救済の必要に男女の別はない」と熱弁をふるったのはアーナンダでした。ブッダは最後にこの愛弟子の説得に折れますが、他の長老たちは不平たらたらだったらしく、ブッダの死後、このときの「生意気」の罪について保守的な幹部連から吊し上げをくらったアーナンダは、「**わたしは自分が悪いことをしたとは思わない。しかし、あなた方を尊敬するので、それは悪いことだったと告白する**」というわけのわからない弁解をするはめにおちいったほどです☞7。

☞7
尼僧の志願者第一号はブッダの継母のマハーパジャーパティーだったという伝説がありますが、どうでしょうか？　シャカ一族はコーサラ国の侵攻で滅びました。経典にシャカ一族の人々の多数がブッダに帰依したとあるのは、故国を失った一族がサンガに居住を求めた亡命の事態をさす可能性があります。

「わたしの乳房は萎びた皮袋」

アンバパーリーとの語らいは、ブッダにとって、ことのほかくつろいだ楽しいものになったようです。

のちに出家したアンバパーリーは、尼僧の一人としてブッダを追慕する一連の詩を残しています。

以下、文中の「真理」とは「無常」の真理をさします。

昔、わたしの毛髪は漆黒で、蜜蜂色の光沢をたもち、毛は細かく波打っていた。しかし、いまや老いたわたしの毛髪は、みすぼらしく、麻の表皮のようにかさかさになってしまった。ブッダの語る真理に誤りはありません。

『テーリーガーター』(以下同じ)

昔、わたしの目は宝石のように輝き、深い紺色で、切れ長だったのに、いまは老いのために損なわれ、美しくありません。ブッダの語る真理に誤りはありません。

昔、わたしの両腕は、なめらかに柔らかく、黄金のアクセサリーに映えていたのに、いまでは老いのために樹の根や球根のようにごつごつしたものなってしまった。ブッダの語る真理に誤りはありません。

昔、わたしは森の繁みを飛び回るコーキラ鳥※がさえずるように甘美な声で話しましたが、いまでは老いのためにとぎれとぎれの声しかでません。ブッダの語る真理に誤りはありません。

昔、わたしの乳房は豊かにふっくらとしており、均整がとれて、上を向いていましたが、いまや水の入っていない皮袋のように萎びて垂れてしまいました。ブッダの語る真理に誤りはありません。

しかし、天下に名だたる美女がこうした詩を詠むのはよほどあとの話。ヴェーサーリーの邸宅でブッダをまめまめしく接待したアンバパーリーはこのときまだばりばりの現役ともいうべき全盛期――ブッダはその堂に入ったおもてなしぶりにさぞまぶしい思いをしたことでしょう。

※**コーキラ鳥**
さえずり声が美しい黒い鳥。カラスの巣にちゃっかり自分の卵を預けたあげくバレて子を失うコーキラ鳥の話が『ジャータカ』に出てくる。

そして、神ならぬブッダの体を最初の異変が襲ったのは、この魅力的な信者と別れた直後でした。
それは降りこめる雨のなか不意におとずれた出来事でした。
つぎは『大パリニッバーナ経』からの引用です。

ヴェーサーリーをでたとき雨季が始まった。ブッダはいったん旅を休止することにした。一行は村の建物に滞在した。そのとき怖ろしい病いが起こり、死ぬほどの激痛がブッダを見舞った。

「事実」のみを追った簡潔な記述ですが、このときブッダは自分の死がもはや目と鼻の先に迫ったことを感じ取ったはずです。なぜなら、激痛がおさまった直後にこんな言葉を口にしているからです。
それはもはや遺言としか思えない内容をもつものでした。

アーナンダよ。おまえたちは、わたしにこれ以上何を望むというのか？　おまえたちに教えるべきものは教え尽くした。わたしは老いて朽ちてしまい、齢を重ねていまや八十になり、古ぼけた車が革紐の助けでやっと動いているような有り様だ。おまえたちは、わたしが死んだあとも、わたしの教えを手がかりとし、他を頼らず、自分たちだけでやってゆくように。

ブッダ、激しい下血に見舞われる

ここにいう「わたしの教え」とはブッダの説いた「裸の仏教」の真理、「法」のこと。ブッダのこのときの台詞はのちに、修行者の手がかりをめぐる**自燈明**《じとうみょう》**、法燈明**《ほうとうみょう》の教えとして広く知られることになり、とりわけ大乗仏教が考える「無我説《むがせつ》※」の立場からは哲学的で深遠な解釈をほどこされることになりました。

が、実際にはそんな高度な話などではなく、ブッダは、「**わたしがいなくなっても、自分たちだけでしっかりやるように**」という、自分の死を意識した開祖が普通に口にする言葉を普通に口にしたにすぎません。

「遺言」という肝心要の言葉がすでに、くりかえしいう、「**精緻化症候群**」の犠牲になっているというわけですが、いずれにせよこの雨季の病の発生は、『大パリニッバーナ経』ではアンバパーリーの登場する華やかな節のすぐ後におかれているだけによけい劇的

※**無我説**
大乗仏教の「空」の理論は「有」／「無」の二分法思考の解体を押し進め、自己を「空」とした。一方ブッダは、骨太で地に足の着いたプラグマティズムの立場から「自己の有無は如何?」といった形而上学的な問いかけ、理論のための理論には関わろうとしなかった。

な効果を生むことになりました。

『大パリニッバーナ経』はこの「遺言」事件を境ににわかに、**死の道行き**の記述の色合いを濃くします。雨季は明けますが、なおも旅の歩みをあきらめないブッダの姿は、日を追ってつのる、**祖国の地を踏む執念**を感じさせることになります。

つかのまの小康状態のなかで再開された旅は、このあとつぎのルートをたどりました☞8。

バンダ村
←
パーヴァー村
←
カクッター河
←
沙羅双樹の林

☞8
経典によりルートの異同はあるが、大体はこの通りです。

バンダ村へはヴェーサーリー在住の修行者たちが同行し、ブッダはそこでかれらのために説法をおこなったとされています。経典にはその内容が詳細に伝えられますが、どこまで実際のものかはわかりません。

決定的な事件が起きたのはそのあとパーヴァー村においてでした。パーヴァー村にはチュンダという鍛冶屋の在家信者が待っていた。かれが喜び勇んでブッダを自宅に招き入れたことはいうまでもありません。ところが、ブッダはそこでふるまわれた料理を食べて激しい中毒症状に見舞われてしまったのです。

このときの料理は、「**スーカラ・マッダヴァ**」だったと経典にあり、その正体については諸説ありますが、豚肉料理（またはキノコ料理）とみる研究者が多いようです。ブッダの時代、仏教がわれわれの考える以上に出家者の肉食に寛容だったことは、第六章でふれた通りです。

経典にはブッダの症状について、

> ブッダがスーカラ・マッダヴァを食したとき、激しい症状が起きた。赤い血が迸《ほとばし》りでて、死に至る苦痛が生じた。
>
> 『大パリニッバーナ経』

と書かれていますが、赤い血が迸ったとは肛門から下血したことをさします。ただ、素直に読めば、ブッダはパーヴァー村に着く前から深刻な病（それも「遺言」を残すほどの）を患う状態だったわけで、食中毒は死にむけていわば最後のひと押しを提供したにすぎません。そこから、研究者のなかには、ブッダは直腸癌に侵されており、料理による消化不良が原因で直腸の癌組織の一部が破れた下血だったのではないか？と推測する人もいます。

正確なところは、結局、わかりません。唯一はっきりしているのは、このあとブッダが急激な体力の低下に襲われたこと、そしてにもかかわらず旅の歩みをとめようとはしなかったことです。

下痢を起こしながらも、ブッダは言われた。

「これからクシナーラー※の町へゆこう」

と『大パリニッバーナ経』は文章をつづけます。ブッダとアーナンダはなおもクシナーラーのある方角にむかってすすみます。

クシナーラーの北の彼方には、かつてブッダが見上げたヒマラヤが幻のように聳え

※**クシナーラー**
河の合流地点近くにあった町。ブッダの在俗信者の多い土地として知られた。

ているはずでした。

ブッダの死——沙羅双樹の夜

カクッター河はクシナーラーの町へ行く途中にある小さな河でした。どうやらブッダはここで人生最後の沐浴を楽しんだようです。

師はまったく消耗し切った体を河の流れにひたした。沐浴を終えた師は、河の水を飲み、そして対岸へ渡った。

『大パリニッバーナ経』

と経典は伝えますが、あるいはアーナンダの助けを借りずには満足な動き一つむずかしくなっていたかもしれません。ブッダが自分の体力が絶望的に尽きたことを知るのは、このあとのことでした。

クシナーラーの町の手前まできて、足をとめたブッダはかたわらのアーナンダをかえりみて告げます。

この樹の間に、頭を北にむけて寝られるよう床を用意してくれ。アーナンダよ、わたしは疲れた。横になりたい。

同前

アーナンダは言われた通り床を敷きにかかります。それは道端の沙羅《さら》の樹※の間に開いた狭い草地でした。この変哲のない二本の沙羅の樹はのちに「沙羅双樹《さらそうじゅ》」として知られることになります。ブッダの臨終を見守った記憶すべき樹として仏教の説話や絵画に題材を提供し、日本でも『平家物語』の冒頭で使われて、後世まで語り継がれることになりました。

ブッダは、アーナンダが敷きおえた床に、右脇を下にし、頭を北に、顔を西に向け、右足の上に左足を重ねる姿勢で横になられた。

同前

これがいわゆる、**北枕**《きたまくら》の由来となった場面で、日本では頭を北にむけて寝るのは不吉な寝方として忌避されるものになりましたが、もともとは当時のインドの「正式な」

※**沙羅の樹**
サーラ樹の漢訳語。フタバガキ科。樹高三十五〜四十五メートルにもおよぶインド原産の喬木。

就寝の作法でした。ブッダが自分の葬式について指示したのはこの沙羅双樹の木陰で横臥中のことでした。

アーナンダに修行者は自分の葬式に関わらないよう命じたブッダはさらに、「在家信者たちがわたしの遺骸の始末と供養をしてくれるだろうからそれにまかせるように」とつけ加えます。事実、あとのことになりますが、ブッダの遺骸はクシナーラーの郊外で土地の在家信者たちにより火葬に付されることになりました。

ただ、経典が伝えるのは、師の言葉を聞いて思わず錯乱し、泣き崩れるアーナンダの姿です。

それをみたブッダは、苦しい息のなかでこうアーナンダに語りかけます。それは平凡であると同時に仏教の開祖ブッダが八十年の長い生涯で達した世界観を凝縮した言葉になっています。

やめよ、アーナンダ。悲しむんじゃない。わたしはいつも説いていたではないか。いつかは愛しいものと別れ、離れ離れにならなければならないというさだめを。およそ、生まれ、作られたものが滅びないことなどあり得ない。それは不可能なのだ。

同前

が、動転しきったアーナンダにはせっかくの師の言葉が耳に入りません。『大パリニッバーナ経』はこのときアーナンダが口走ったいかにもリアルな言葉を伝えます。

尊いお方よ、こんな場末の町で死なないでください。あなたには、もっとふさわしい立派な都市があるはずじゃないですか。

ブッダはこれに対して答えます。

アーナンダよ、そんなことは口にするな。場末の町などと言ってはいけない9。

「無常の教え」から新しい胎動へ

このあとアーナンダはブッダの指示で、ブッダが動けなくなったことを近在の在俗信者に伝えるために、あわただしくクシナーラーの町へ出向きますが、このときブッダの意識に「その瞬間」の到来がちらつきだしていたことはまちがいありません。クシナーラーにはマッラ族という土地の有力な部族

9
アーナンダは「立派な都市」としてラージャガハ、サーバッティー、バーラーナシ（カーシ国の首都）などブッダゆかりの都市をあげています。こういう無防備な発言をするところが人から好かれたのでしょう。

がおり、ブッダに帰依していました。

アーナンダとしてはいつ逝くかもわからない師のそばを離れたくなかったでしょうが、**遺骸の始末**という厳然たる要請をまえにほかに選択の余地はなかったでしょう。

やがてアーナンダの知らせでブッダの身に起きていることを知ったマッラ族は続々と沙羅樹の林につめかけてきます☞10。

気がつくと息さえおぼつかないブッダを前に、もはや言葉を発する者もなく、だれもがブッダの動作の一つ一つを見逃すまいと食い入るように見つめるばかりでした。

ブッダが沙羅双樹の下に入ったのはまだ日の高い時刻だったようです。沙羅樹の林はいつしか夜になっていました。最後の時が刻一刻と近づいていることはだれの目にも明らかでした。

経典の文章からは、ブッダの意識がいつまでどの程度保たれていたのかは、はっきりしません。はっきりしているのはブッダの呼吸が止まったのがその夜のうちだったということです。

最後に唇が動き、聞こえた言葉は、「**あらゆる形作られたものは無常だ。怠りなく修行にはげむように**」というものだったと『大パリニッバーナ経』は伝えています。

☞10
マッラ族はヒンドゥー教に従わず町の公会堂等を中心に貴族的な共和政治を敷いていました。日本の寺の涅槃図（本章のコラム参照）にはブッダの遺体を囲み号泣する十大弟子が描かれます。が、ブッダの臨終の瞬間に立ち会った直弟子は実際はアーナンダ一人でした。

これが事実だったかはともかく、ブッダの直弟子たちが理解したブッダの教え、「裸の仏教」の核心思想、それが、**あらゆるものの無常（諸行無常）**であったことをこれほど明らかにする記述はほかに見当たりません。

ブッダの葬式は、生前の言葉を守って在家信者を代表する形でマッラ族がとりおこなうことになりました。

クシナーラーに住むマッラ族は、薫香と花輪と楽器をたずさえて、師の遺骸のある沙羅樹の林におもむいた。かれらは遺骸をまえに薫香を焚きしめ、花輪で飾りつけると、舞踏や音楽で師をねんごろに弔った。

同前

ブッダの遺骸は七日後、クシナーラーの郊外に運ばれ、火葬にふされました。この頃には師の臨終を知った修行僧たちが各地から駆けつけてきました。かれらの見守るなか、薪の山の上で布にくるまれたブッダの遺骸は炎に包まれました。

一切が灰に帰すると弟子たちはあらためて大いなる喪失感に襲われました。そう、ブッダが一代で築きあげた仏教がいままさに幕を下ろそうとしています。が、この喪失感こそは新しい胎動の始まりであること、いままさにかれら自身の仏教が立ち上がろうとする予兆であることにこのとき弟子のだれかが気づいていたかどうか。

コラム

ブッダ・ロス症候群——「死んでいない」ことになったブッダ

仏教がブッダの死後ヒンドゥー教の影響をうけたことはすでにのべました。

開祖を失った仏教は数百年をへて「精緻化症候群」がまねく閉塞状況におちいった。それを打ち破ろうとして誕生したのが大乗仏教運動、その先兵となったのが般若経典の作成者たちでした。

かれらはブッダのころには目立たなかった「空」の概念に目をつけ、これを強烈無比の至高の言葉に練りあげることにより、「諸法空相《しょほうくうそう》」、世界は「ゼロ」であることを宣言。「一切のとらわれからの解放」という悟りの原点を痛快なまでに鼓吹しながら、ブッダの死後教団を見舞った低迷を一気に吹き飛ばそうとしました。この流れを引き継いだのが中国で発達した禅仏教です。

一方、こうした「空」重視の路線とは異なるやり方を選んだ大乗仏教徒たちもいました。

かれらは「空」の思想を強調するかわりにインドで民衆に人気のあった神々に目をつけ、とりいれることで仏教の再生をめざそうとした。とりいれられた神々は「仏」「如来」「菩薩」など仏教風の名をつけられ、こうして生まれたのが阿弥陀仏《あみだぶつ》をかかげる浄土仏教と大日如来《だいにちにょらい》を拝む密教です。

阿弥陀仏と大日如来はそれぞれ、アミターユス（またはアミターバ）、ヴァイローチャナという元の名をもつペルシャ起源の神でしたが、とりわけ阿弥陀仏は西方の極楽浄土に住むとされたため、「極楽」「地獄」の物語は浄土仏教を中心に注目すべき発達をとげ、日本にもたらされることになりました。ブッダが「神」信仰に無関心だったことはすでにみた通りですが、仏教はこうしてキリスト教のGodにも似た「人格神」信仰をもつにいたったというわけですね。

このように、さまざまな方向に分かれた大乗仏教でしたが、かれらの運動にはたがいの相違点をこえた二つの共通点があったことに、注意すべきでしょう。その一つは「ブッダ・ロス症候群」、つまり開祖ブッダを失った喪失感をいかに癒すかを大きなテーマにおいたということです。

ヒンドゥー教の神々を仏教の崇拝対象に仕立て直したこと自体そのあらわれの一つでしたが、喪失のトラウマのある意味で最もわかりやすい解消の仕方をしめしたのが、大乗経典の一つ法華経《ほけきょう》の作成者のグループです。

法華経によると、ブッダはなんと本当はあの夜沙羅樹の林で死んでいないということになった。それは人々に「ブッダに会いたい」と心から願わせるためにブッダが演じた「方便」、みせかけだったのであり、ブッダはいまこの瞬間も世界のどこかに生きて人々を見守りつづけている……。

まさに「永久不滅の神」ブッダの誕生というわけですが、当時の仏教徒の味わったトラウマの深刻さをこれほど劇的に明かす例もすくないでしょう。

また「ブッダ・ロス症候群」の癒しといえば、「涅槃」概念の再定義の動きも忘れるわけにはいきません。ブッダが「悟り」に達した際、その安息の境地を「涅槃」と呼んだことは第四章の本文でのべました。この「涅槃」は仏教の修行者が生きている間に到達すべきゴールであり、それ以外のものではあり得なかった。

ところが、ブッダの死をきっかけに仏教徒たちはこの「涅槃」に開祖の考えなかった内容をつけくわえることになりました。それは、「死によって得られる安息の境地」というまったく新しい意

コラム

味の「涅槃」でした。これはブッダの永遠の喪失を自分に納得させるためのかれらの「自己治療」の所産というべきものでしたが、以後仏教徒の心をとらえ、現在では「涅槃」と聞いた人はなんとなく「死」を連想するまでになっているほどです。京都や奈良のお寺には沙羅樹の林で臨終を迎えたブッダの姿を描いた絵が伝わり、多くは寺宝になっていますが、それらが「涅槃図」と呼ばれていることは周知の通りです。

ブッダ亡き後の大乗仏教徒たちを結びつけたものとしてはほかに、「出家中心主義」の見直しもあげられます。それは少数精鋭の「エリート主義」的伝統の是正を意味するものでしたが、ひたすら自分の悟りだけを追求してよしとするブッダ以来の「内向き志向」の弊害を批判して、出家・在家の線引きを相対化し、「一切衆生の救済」つまりあらゆる人々の救済をめざす「在家中心主義」を明確に打ち出す結果となりました。ブッダの時代には重視されることのなかった「慈悲」が強調され始めたのはこのときで、以来、仏教といえば慈悲の教えというイメージが広く定着することになりました。

日本仏教が妻帯の選択により出家と在家の最後の一線を廃し、廃することで「スーパー在家主義仏教」ともいうべきユニークな路線を突き進んだことは本文やコラムでふれた通りです。ただ、日本仏教は良くも悪くも「辺境の仏教」です。

わたしの父方の家の宗旨は曹洞宗ですが、日本の曹洞宗の正装は赤、黒、白の衣の重ね着からなっています。このうち赤衣はインド、黒衣は中国、白衣は日本を表わしています。本書があつかったのは、赤衣がブッダの素肌の匂いを伝えていたころの仏教です。

平野純（ひらの・じゅん）
作家・仏教研究家。1953 年東京生まれ。東北大学法学部卒。1982 年『日曜日には愛の胡瓜を』で第 19 回文藝賞を受賞。作家活動と並行してパーリ語、サンスクリット語を習得し、仏教（仏教理論と現代思想の関わり）を研究。著書『はじまりのブッダ』（河出書房新社）、『謎解き般若心経』（河出書房新社）、『村上春樹と仏教』Ⅰ・Ⅱ（楽工社）『ゼロの楽園』（楽工社）、『三昧般若経』（無双舎）など多数。

▼平野純公式 HP
hirano-jun.com

裸の仏教

2017年4月25日　初版第1刷発行

著者　平野純
発行者　相澤正夫
発行所　芸術新聞社
〒101-0051
東京都千代田区神田神保町2-2-34
千代田三信ビル
TEL 03-3263-1637
FAX 03-3263-1659
URL http://www.gei-shin.co.jp
印刷・製本　シナノ印刷
デザイン　美柑和俊＋滝澤彩佳（MIKAN-DESIGN）
挿絵　阿部清子

ISBN 978-4-87586-509-4 C0015